たかこさんのほめられ弁当

手間なし＆おいしい「使える」お弁当おかず216レシピ

稲田多佳子

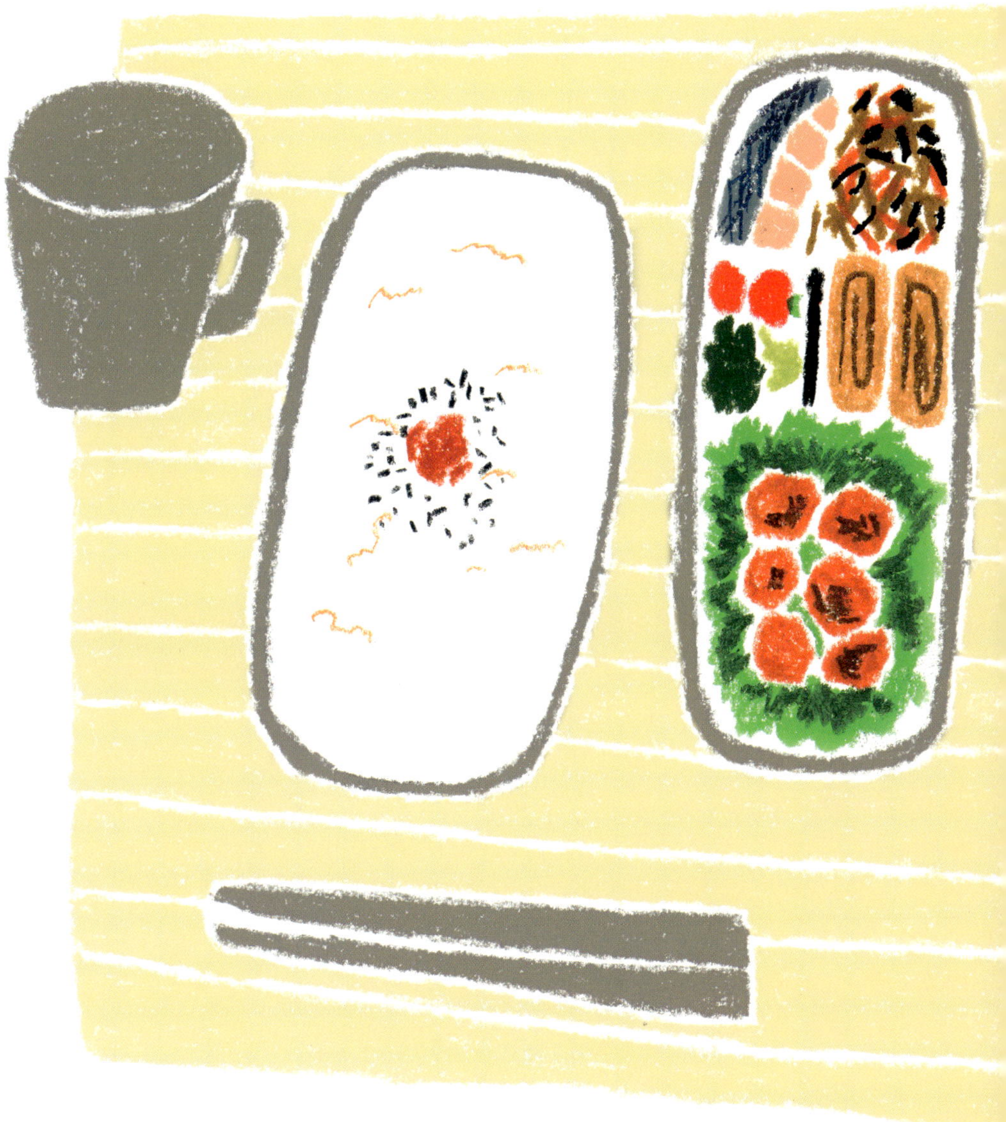

Contents

- 4 　はじめに
- 6 　お弁当作りの工夫とコツ
- 8 　Column1　私のお弁当作り

Part 1
ほめられ弁当ベスト20

ほめられ弁当 01
鶏の唐揚げ弁当……10

ほめられ弁当 02
肉味噌のっけ弁当……12

ほめられ弁当 03
ブリの照り焼き弁当……14

ほめられ弁当 04
焼き肉のタレで肉じゃが弁当……16

ほめられ弁当 05
ドライカレー海苔巻き弁当……18

ほめられ弁当 06
鶏胸肉ロール弁当……20

ほめられ弁当 07
鮭のアーモンド焼き弁当……22

ほめられ弁当 08
黒酢酢豚弁当……24

ほめられ弁当 09
おにぎり弁当……26

ほめられ弁当 10
鶏ごぼうご飯弁当……28

ほめられ弁当 11
ゆずこしょう風味の牛丼弁当……29

ほめられ弁当 12
味噌トンカツ弁当……30

ほめられ弁当 13
焼き鶏丼弁当……31

ほめられ弁当 14
白身魚の白だし漬け焼き弁当……32

ほめられ弁当 15
豚肉の竜田揚げ弁当……34

ほめられ弁当 16
鶏肉のピリ辛照り焼き弁当……36

ほめられ弁当 17
豚肉のバルサミコマリネ焼き弁当……38

ほめられ弁当 18
グリルチキンのサラダ弁当……40

ほめられ弁当 19
白身魚のレンジ蒸し弁当……42

ほめられ弁当 20
牛肉のマスタードクリーム焼き弁当……44

おすすめアイテム 1　お弁当作りに便利なあれこれ……46

Column2　鍋炊きごはんのすすめ……48

Part 2
お弁当のおかずバリエ

- 01：豚肉のおかず……50
- 02：牛肉のおかず……52
- 03：鶏肉のおかず……54
- 04：だし巻き卵バリエ……56
- 05：ひき肉のおかず……58
- 06：魚介のおかず……60
- 07：肉巻きバリエ……62
- 08：ちくわのおかず……64
- 09：カニかまのおかず……65
- 10：いんげんやアスパラガスのおかず……66
- 11：ブロッコリーのおかず……67
- 12：青菜のおかず……68
- 13：ピーマンのおかず……69
- 14：もやしのおかず……70
- 15：きのこのおかず……71
- 16：パプリカのおかず……72
- 17：なすのおかず……73
- 18：大根のおかず……74
- 19：きゅうりのおかず……75
- 20：キャベツのおかず……76
- 21：にんじんのおかず……77
- 22：じゃがいものおかず……78
- 23：かぼちゃのおかず……79
- 24：ごぼうのおかず……80
- 25：れんこんのおかず……81

Column3　魔法瓶のスープカップであったかお弁当……82

Part 3
お弁当の工夫いろいろ

- ご飯の工夫　　炊き込みご飯＆混ぜご飯……84
- 　　　　　　　お寿司……86
- お助け麺＆パン　ショートパスタ……88
- 　　　　　　　焼きそば……90
- 　　　　　　　サンドイッチ……92
- 大きな作り置きおかず……94
- 小さな作り置きおかず……98
- 小さな小さな作り置きおかず……102
- Column4　あると便利な焼き野菜のストック……103
- おまけのおやつ……104
- おすすめアイテム❷　お弁当作りに活躍する調味料……107

- おわりに……108
- お弁当の記録……108
- 食材別さくいん……110

レシピの決まり

- ●1カップは200ml、大さじ1は15ml、小さじ1は5mlです。
- ●卵はLサイズ、バターは無塩バターを使用しています。
- ●しょうゆはとくに記載のないものは「濃い口しょうゆ」を、砂糖は「きび砂糖」を使用しています。
- ●こしょうの種類について、とくに記載のないものはお好みのものを使用してください。
- ●鶏もも肉は1枚300ｇ程度、お魚の切り身は大きめのものを使用しています。
- ●フライパンはフッ素樹脂加工のものを使用しています。
- ●電子レンジの加熱時間は700Wを基準にしています。
- ●オーブンはガスオーブンを使用しています。焼き時間は熱源や機種により多少差が出ますので様子を見ながら加減してください。
- ●分量は成人男性の1人分を基本にしていますが、少量だと作りにくいおかずは1〜2人分または2人分で記載しています。また、作り置きのおかずは作りやすい分量で記載しています。

は じ め に

お弁当作りを支えてくれるのは、
「うまかった!」のほめ言葉。

　1995年の結婚をきっかけに、私の本格的なお弁当作りが始まりました。それ以前の独身の頃にも練習を兼ねて時々作っていたので、お弁当作り生活、かれこれ今年で20年近くになります。

　始めの数年間は、私も外で働いていたので、2人分のお弁当を作っていました。仕事に加え、慣れない家事にも必死だったのか、朝が大変などと感じる暇もなく、ただ夢中になって頑張っていたように思います。それがある程度慣れ、あちらこちらで手を抜くことを覚えるようになった頃からがいけません。できるだけ短時間で作ろうとか、簡単な内容にしようとか、はたまた次はあの冷凍食品を使ってみようとか、そういうことが常に頭にあったような気がします。まぁ、今思えばその頃の経験が、手順や時短の工夫、気軽に作れるレシピにつながった、と言えなくもないですが（苦笑）。

　やがて子どもが生まれると、お弁当作りはしばらくお休みをしていました。大きな声では言えませんが、お弁当から解放されたことにどこかしらホッとしたのも正直な気持ち。ほどなく再開してからは、主人1人分のお弁当作りになりましたが、ブランク期間があるとこれがまたいけません。会社には食堂もあり、作り立ての温かなお昼ごはんが食べられるのに、どうしてまぁ、冷めたお弁当がいいのかしら？　なんて、もどかしく思うこともありましたが、どんな手抜きであっても、ただ食堂まで行くのが面倒だからという理由でも（!）、私の作るお弁当がいいと言ってもらえるのは嬉しいこと。

　そんな気持ちに後押しされて、お弁当作り、ちょっとだけちゃんと頑張ってみようかな、なんて考えるようになっていきました。
　同時にその頃から、私の食まわりへの興味が深まって、食材や調味料、道具や器などを選ぶこと、使う楽しみを覚え、直火で炊くご飯のおいしさを知り、情緒ある曲げわっぱの存在に惹かれ……、なんだかんだで、お料理をすること、お弁当を作ることが俄然面白くなり、今に至ります。

　昔、私の働いていた職場の近くにおいしいレストランや定食屋さんがあって、午前中はお昼を楽しみに頑張っていました。そして、仲間と賑やかに昼食をとりながら、これで午後からも頑張れるわー、などと思ったものです。
　おいしいものは、頑張る元気のもとになる。
　私がそう感じたように、午前中、お弁当のフタを開けるのを楽しみに頑張ってもらいたいし、お弁当を食べて、午後からもうひと頑張りだ！と、思ってもらえれば幸せ。

　お弁当はあくまでも３食のうちの１食。完璧でなくていい。そう考えると気がラクになります。お弁当箱はひと箱のランチプレート。楽しい気持ちになれるよう、元気のもとになるように。そう考えると詰めるのも楽しくなります。

　お弁当を作り続けて行く秘訣は、無理しないこと、頑張り過ぎないこと。そして作る自分が楽しむこと。だけどね、いちばんの特効薬は、「うまかった！」「また食べたい！」の、嬉しいほめ言葉なのかもしれません。

毎日おいしい、毎日簡単!
お弁当作りの工夫とコツ

お弁当を作るにあたり、私なりに気をつけていることや工夫していることをお話しします。基本的なことも含みますが、何かのヒントになったら嬉しいです。

準備できることは前日にしておく

肉巻きなら野菜を巻いておく、揚げものなら衣をつけるところまで準備して、後は焼いたり揚げたりするだけにしておくと朝がラク。タレに漬け込むようなおかずは時間をおくほうが味が入るので、おいしさのためにも前もって作っておくといいでしょう。これらは、夕食の準備と並行してできるのが理想ですが、私の場合はなかなか手際が悪くって（苦笑）。夕食の片付けが終わって、台所と気持ちをリセットさせてからお弁当の準備をすることが多いです。あまり人様には言えず、おすすめもできませんが、朝作る時間がなさそうなときは、深夜にお弁当を作って冷蔵庫に入れておき（布で包んだ完成形です）、朝取り出してそのまま持って行ってもらう、という自由過ぎる日も（苦笑）。単純に考えると、夜、寝るのが少し遅くなるか、朝、起きるのが少し早くなるかの違いですが、暮らしのリズムは人それぞれなので、自分に合ったスタイルで、無理のないお弁当ライフを送ってほしいと思います。

晩ごはんのリメイク

夕食の残りをお弁当に詰めるのは、経済的でもありエコでもあります。そのまま詰めたのでは「あ、夕べ食べた……」ということになるので、ひと工夫加えて。私がよくやるのは、肉じゃがならカレー粉やゆずこしょうを加えて煮直す、卵で包んでミニオムレツにするなど。唐揚げなら甘酢を絡めたり、味噌味で軽く煮たりしてアレンジします。再調理は再加熱で殺菌もできて一石二鳥。また、夕食にハンバーグを作ったらお弁当用にも小さく丸めて焼いておく、お魚の塩焼きや照り焼きならひと口サイズに作っておく、肉そぼろなら取り分けて1食分ずつ冷凍保存しておく、なども日常的にしています。

少量の揚げ物は「揚げ焼き」を

お弁当用に少量の揚げ物をする際は、少なめの油で「揚げ焼き」にする方法がおすすめです。小さなフライパンか小鍋に底から1～2cm程度、食材の片面が浸かる程度の油を用意して、中温（170℃くらい）に熱します。食材を入れ、片面がこんがりと色づいたらひっくり返し、もう片面を色よく揚げ焼きにします。この方法で、問題なく揚げ物が作れます。コツは、欲張らずに食材は少量ずつ入れること。またときどきフライパンを軽く回すようにして動かしたり、少し傾けたりして、全体に油が行き渡るようにするといいと思います。冷めてもおいしい揚げ物はお弁当の優秀おかず。この方法であれば油も少量で済み、手間になりません。また、揚げ物に限らず、少量作るお弁当おかずの場合、小さめの調理器具があるととても便利です（詳しくはp.46へ）。

ついで調理でおかずをためる、常備菜を活用する

ピーマン1個やきゅうり半分が残ったら塩もみにしておく、肉や野菜を甘辛く炒めておくなど、ついでに調理した小さなおかずは、食卓を豊かにするのにも大いに役立ちます。「休日や時間に余裕のあるときに作り置きを」とはいえ、そんなことをしたらせっかくのお休みをのんびり過ごせない！などと思っていた時期もあったのですが、おかずの入った保存容器がずらり冷蔵庫に並ぶ風景を見るのが嬉しく面白く感じられるようになった今では、真夜中にふと思い立って、常備菜を作り始めることも（笑）。要は考え方、感じ方次第、何でも楽しむことができればプラスになるものです。

味のメリハリ、彩りのこと

　お弁当は、味にメリハリがあると最後までおいしく食べ進めてもらえます。献立を考えるときは、主菜がこってりと濃い味なら副菜はあっさりと軽い味に、スパイシーな辛いおかずにはさっぱり味やクリーミーなものを、揚げものをメインにしたら、副菜には油を控えて塩もみやお漬物を添えるなどすると、バランスのよいお弁当になります。フタを開けたときに「おいしそう！」と思ってもらうには、彩りも大きなポイント。野菜の緑や赤、肉や魚の茶色、卵の黄色と、色が豊富に揃うと栄養も揃います。これにパプリカやにんじんのオレンジが加わるとお弁当が一気に明るくなり、また海藻類や黒ごまを使った黒っぽいおかずはお弁当の印象をぐっと引き締めます。とはいえ、カラフルなお弁当を毎日作るのは大変。詰め終わって彩りがパッとしないときには、梅干し、しば漬け、プチトマトなどで赤を差したり、黒ごまや白ごまをふりかけたり。緑が足りなければ、仕切りを兼ねて大葉やレタスなどを使うのも手です。

衛生面のこと

　基本的なことですが、手指をはじめ、ふきん、まな板、包丁、詰める際の菜箸などの調理道具、お弁当箱を清潔に保つことも肝心。食品OKのアルコールスプレーがあれば、梅雨時季などの腐敗対策にも効果的です。かといって、ガチガチに神経質になる必要はなく、お肉やお魚を切った包丁やまな板で生で使う野菜を切らない、使ったまな板の上にでき上がったお料理をのせないなど、常識的なことを頭においておけば大丈夫。また、汁気の多いおかずはキッチンペーパーにちょっとのせてから詰めると安心。ご飯とおかずが完全に冷めてからフタをするのも基本です。通勤時間やお弁当をおいておく環境次第では、フタの上に保冷剤をのせたり、クーラーバッグに入れたりなどの気づかいを。

味つけのこと

　冷めると味がぼんやりすることも多いので、作ってすぐ温かい状態で味見したとき「少し濃いめかな？」と感じるくらいにしておくと、お昼においしく感じられるようです。主人が帰ってきて「今日のアレ、うまかった！」と言うのは、朝、「あー、ちょっと濃過ぎちゃったかも」と思ったものが多いのです（苦笑）。だからといって、塩分過多になるのも考えもの。塩味を濃くするばかりではなく、酢やレモンなどの酸味、香辛料やハーブ、しょうが・大葉・ごまなど香りの強いもの、おだしの風味、焼き目の香ばしさなどを利用し、薄めの塩味でもおいしく食べられる手を覚えておくといいです。

無理をしないで、楽しく続ける

　これだけは守ろう、と自分で決めたルールは、どんなに急いでいても、最低限、フタで隠しながら食べてもらうことのないようなお弁当にしようということ。主人に向けた大人弁当なので必要以上に飾ることはしませんが、誰かに見られて恥ずかしい思いをさせないような見た目を心がけています。これは、主人のためというより自分のためかもしれません。お弁当を通して見えるのは、作った人の姿。妻像がぽろりと垣間見えてしまう事実、ちょっと怖いです（苦笑）。おかずはごく簡単なものでも、詰め方次第で見映えするものだし、すべてのおかずを手作りで！なんて気負ってしまうと、当然、息切れしてしまいますから、手軽で便利な市販品も大いに活用。体や気持ちがしんどいときは、無理せずお休みをもらってリフレッシュし、また翌日から頑張ればいい。自分をふるい立たせるためには、作ったお弁当の内容をノートに記したり、写真に残したりするのもよい方法。後々見返して「わー、私、頑張ってるなぁ」という自分への称賛と達成感になり、それがやる気と続けていく元気にもつながります。

Column 1　私のお弁当作り

　お弁当作りは毎朝のこと、ずっと続けているから苦になりません、と言ってしまえば、ウソになります（苦笑）。どうしても朝は慌ただしいし、朝と夜とではほんの5分の体感速度も違うもの。しんどいなぁ、面倒だなぁなどと思ってしまうことも正直あるのだけれど、日々の生活態度がなっていない私、せめてお弁当作りだけはちゃんとしようと、自分自身に課して続けています。

　同じ作るなら楽しまなくちゃ！と、気づけばいくつも集まったお弁当箱。今日はどれ？と浮き立つような気持ちは、使う楽しみ、詰める楽しみにもつながります。器が変われば気分も変わって、食べ手にも新鮮に映るのではないでしょうか。

　土鍋でご飯を炊くようになって以来、このおいしさを保ってくれるものに詰めたいと、お弁当箱は木製が中心になりました。ご飯の水分をほどよく吸ってくれるためベタつかず、固くもなりにくいのです。何気ないおかずも見目よく見える風情ある曲げわっぱにやる気をサポートされながら、毎日のお弁当作り、楽しんでいます。

タイムスケジュール

- AM 6:00　起床。
マリネしていたおかずなど下ごしらえ済みの食材が冷蔵庫にあれば、出してスタンバイ。
お弁当用のご飯を炊き始め、並行して朝食の準備もスタート。

- 6:30　お弁当作り開始。おかずはでき上がったものからお皿に広げて冷まし、全部揃ったところで詰め始めます。

- 7:00　お弁当完成。
ごく簡単に自分の身支度。

- 7:20　子どもの朝準備など。

- 8:10　家を出て、スクールバス停まで車で子どもを送る。

- 8:30　帰宅してゴミを出したり、洗濯したり。

- 9:00　ホッと一息。コーヒーや紅茶をいれ、スケジュール帳で今日の予定を確認しつつ、軽めの朝ごはん。

木や竹製、天然素材のお弁当箱たち。通勤カバンにすんなり収まる2段のスリムなタイプが主人の好み。細身の箱は見映えよく詰めやすいので私も気に入っていて、出番が多いです。1段で深さのあるわっぱは、のっけ弁当の日にはほぼ必ず登場。

クロス類をまとめてあるカゴから毎朝適当にピックアップ。ただ、お弁当のおかずに赤がない日は赤の効いた布を、緑が少ない日には緑の入った布を選ぶなど、布を広げてお弁当を置いたときの彩りは少しだけ気にしています。おかずの色みが乏しくても補色効果でおいしそうに見えますようにと、苦肉の策です（笑）。

Part 1
ほめられ弁当 ベスト20

長年のお弁当作りで本当にたくさんのおかずを作ってきましたが
一度きりでレパートリーから外れるものもあれば、好評で何度となく作るものも。
ここでは、「また作ってね」とリクエストされて我が家の定番になっている
人気のお弁当を紹介します。

ほめられ弁当01

鶏の唐揚げ弁当

こんにゃくと
にんじんの
ピリ辛炒め

万願寺唐辛子の
おかかしょうゆ和え

鶏の唐揚げ
和風タルタルソース

カリッとジューシーに揚がった鶏の唐揚げは、冷めてもおいしいおかずの代表選手。何度食べても食べ飽きない味わいは、おなじみの顔ぶれであっても「やっぱりうまいな」と言ってもらえる安心のおかず。フタを開けたときの笑顔を想像しながら、たびたび作っている我が家の人気弁当です。

> **手順Memo**
> 茹で卵は前日に茹でておきます。朝いちばん、鶏肉に下味をつけ、なじませている間に副菜を仕上げ、最後に唐揚げを揚げて。

鶏の唐揚げ和風タルタルソース

唐揚げには、味の変化になる和風タルタルを添えて。しば漬けは高菜漬けにかえてもおいしい。

材料（1～2人分）
- 鶏もも肉……1/2枚
- A
  - しょうゆ……小さじ1
  - 酒……小さじ1
  - しょうがのすりおろし……小さじ1/2
  - 溶き卵……1/4個分
  - 塩、こしょう……各少々
- 片栗粉……大さじ2
- 揚げ油……適量

[和風タルタルソース]
- 茹で卵……1個
- B
  - しば漬けのみじん切り……小さじ1
  - マヨネーズ……小さじ2
- 塩、こしょう……各少々

作り方
1. 鶏もも肉は余分な脂を除き、食べやすく切る。Aと共にビニール袋に入れてもみ、5～10分おく。
2. 茹で卵は殻を剥き、ざく切りにしてボウルに入れる。Bを加えてさっと混ぜ、塩、こしょうで調味する。
3. 1に片栗粉を加えて全体をよくなじませ、170℃の油で色よく揚げる。

＊鶏もも肉は、あらかじめ切ってある唐揚げ用を使っても。
＊溶き卵の残りは、だし巻き卵に加えたり、炒り卵を作ってご飯にふりかけると無駄が出ません。

こんにゃくとにんじんのピリ辛炒め

前夜に作っておくと味なじみがよいです。豆板醬のかわりに、鷹の爪や七味で辛みを入れても。

材料（1～2人分）
- こんにゃく（カット済み、アク抜き不要のもの）……80g
- にんじん……2cmほど
- ごま油……適量
- A
  - 酒……小さじ1
  - しょうゆ……大さじ1/2
  - みりん……大さじ1/2
  - 砂糖……小さじ1
  - 豆板醬……少々

作り方
1. にんじんは小さめの乱切りにして水にさっと通し、水がついたまま耐熱ボウルに入れる。ラップをふわりとかけ、電子レンジで1分ほど加熱する。
2. フライパンを熱し、こんにゃくを入れて炒める。水分が飛んでチリッと炒まったら、ごま油、にんじん、Aを加え、水分が少なくなるまで炒める。

＊こんにゃくのアク抜きが必要な場合は熱湯で3分ほど茹でてから使用してください。

万願寺唐辛子のおかかしょうゆ和え

電子レンジで簡単調理、あっさりしょうゆ味の一品。ピーマンでも同じように作れます。

材料（1人分）
- 万願寺唐辛子……1本
- しょうゆ……小さじ1/2～1
- かつおぶし……少々

作り方
万願寺唐辛子は細切りにして水にさっと通し、水がついたまま耐熱ボウルに入れる。ラップをふわりとかけ、電子レンジで40秒～1分ほど加熱する。水気を切り、しょうゆとかつおぶしと和える。

ご飯
ご飯には黒ごまをふり、梅干しをのせました。

ほめられ弁当02

肉味噌のっけ弁当

にんじんの塩炒め

肉味噌そぼろ

炒り卵

ピーマン炒め

敷き詰めたご飯の上におかずを並べた簡単のっけ弁当。フライパンひとつで作れ、詰め方にも悩まないから、特別急ぐ朝にはぴったり。彩りよくていねいにおかずを並べれば、手を抜いたように見えません（笑）。「ご飯がおいしく食べられる！」と思いのほか好評なお弁当です。

> **手順Memo**
> 一品ごとにフライパンを洗わなくて済むよう、炒り卵、にんじんの塩炒め、ピーマン炒め、肉味噌そぼろの順で作ります。

肉味噌そぼろ

甘めのこっくり味なのでご飯が進みます。多めに作って冷凍保存しておけば、何かと助かります。

材料（1人分）
合びき肉……100g
長ねぎ（白い部分）……1/4本分
酒……大さじ1
A｜テンメンジャン……大さじ1と1/2
　｜しょうゆ……大さじ1/2
　｜砂糖……小さじ1/4
ごま油、こしょう……各適量

作り方
1. 長ねぎは粗みじんに切る。
2. フライパンにごま油を熱し、合びき肉を入れて炒める。肉の色が変わったら酒をふり、1、Aを加えて炒め合わせる。好みでこしょうをふって仕上げる。

炒り卵

おだしとしょうゆであっさり味の炒り卵。マヨネーズでコクを加えても肉味噌に合います。

材料（1人分）
卵……1個
A｜牛乳……小さじ1
　｜白だし……小さじ1/2
　｜しょうゆ……少々
サラダ油……適量

作り方
1. 小さなボウルに卵をほぐし、Aを加えて混ぜる。
2. フライパンにサラダ油を熱し、1を流し入れる。菜箸を3〜4本使ってよく混ぜながら、ポロポロの状態に火を通す。

にんじんの塩炒め

お弁当をおいしそうに見せてくれる暖色系おかず。まとめて作り置いても活躍するおかずです。

材料（1人分）
にんじん……1/4本
ごま油……適量
塩……少々
七味唐辛子……少々

作り方
1. にんじんはピーラーでささがきにするか、包丁でせん切りにする。
2. フライパンにごま油を熱し、1と塩を入れ、好みの固さに炒める。好みで七味唐辛子をふって仕上げる。

ピーマン炒め

万願寺唐辛子で作るのも大好きです。仕上げに炒りごまを加えても。

材料（1人分）
ピーマン……1個
サラダ油……適量
A｜みりん……小さじ1/2
　｜しょうゆ……小さじ1/2

作り方
1. ピーマンは細切りにする。
2. フライパンにサラダ油を熱し、1とAを加えて炒める。

ご飯

ご飯の上に肉味噌そぼろ、炒り卵、にんじんの塩炒め、ピーマン炒めを盛り合わせます。

ほめられ弁当03

ブリの照り焼き弁当

お魚の王道おかずといえば、ブリの照り焼きでしょうか。王道には王道をと、ごま和えとだし巻き卵をセットに。和一色にまとまりそうなところを、ほんのり洋風な炒めものをプラスして味の変化球。こんな、和洋折衷な決め過ぎない家庭弁当に、ホッとしてもらえるといいな。

手順Memo
卵焼き器でだし巻き、フライパンで長いもとベーコン炒め、ブリ照りの順で。ごま和えは電子レンジで合間に作って。

ねぎ入り
だし巻きたまご

きぬさやの
ごま和え

ブリの照り焼き

長いもとベーコンの
炒め物

ブリの照り焼き

こっくりと照りよく絡まった甘辛味の照り焼き。調味料はあらかじめ合わせておいて。

材料 (1人分)
- ブリ (切り身)……1切れ
- ごま油……適量
- 酒……大さじ1
- A
  - しょうゆ……大さじ1/2
  - みりん……大さじ1/2
  - 砂糖……小さじ1/2

作り方
1. ブリはキッチンペーパーで押さえて水分を拭き取り、2〜3等分に切る。
2. フライパンにごま油を熱し、ブリを入れる。両面がこんがり焼けたら酒をふり、A を加え、フライパンを時々ゆすりながら照りよく煮絡める。

長いもとベーコンの炒め物

長いものサクサク食感が嬉しい。お弁当では味の変化、食感の変化も大切にしたいもの。

材料 (1人分)
- 長いも……2cm
- ベーコン……1/2枚
- サラダ油、塩、黒こしょう……各適量

作り方
1. 長いもは小さな乱切りに、ベーコンは細切りにする。
2. フライパンにサラダ油を熱し、長いもとベーコンを入れて炒め合わせる。塩、黒こしょうで調味する。

きぬさやのごま和え

黒のすりごまにかえて作れば、風味も見た目の印象も変わります。

材料 (1人分)
- きぬさや……小1袋 (30g)
- A
  - 酢……小さじ1/4
  - しょうゆ……小さじ1/2
  - 砂糖……小さじ1/2
- 白すりごま……小さじ1/2

作り方
1. きぬさやは斜め半分に切り水にさっと通し、水がついたまま耐熱ボウルに入れる。ラップをふわりとかけ、電子レンジで40秒〜1分ほど加熱する。
2. A、白すりごまを、順に加えて和える。

ねぎ入りだし巻き卵

万能ねぎは刻んで冷凍しておくと手間が省けます。お味噌汁にも便利です。

材料 (1人分)
- 卵……1個
- A
  - 牛乳……小さじ1/2
  - 白だし……小さじ1/2
  - しょうゆ……少々
- 万能ねぎのみじん切り……大さじ1/2
- サラダ油……適量

作り方
1. 小さなボウルに卵をほぐし、A を加えて混ぜ、ねぎのみじん切りも加えて混ぜる。
2. 卵焼き器を熱してサラダ油をひき、1の半量を流し入れる。卵焼き器を回すように動かして広げ、手前から奥へ巻き上げる。巻き終わったら手前に寄せて、卵焼き器の空いたところにサラダ油を薄くひき、残りのを1を入れる。同様にして巻いて、焼き上げる。

ご飯 (雑穀ご飯)

雑穀ご飯は白米2合に対して十六穀ご飯1袋 (30g) を加えて炊きます。

ほめられ弁当04

焼き肉のタレで肉じゃが弁当

だし巻き卵

ちくわのきゅうり詰め

焼き肉のタレ肉じゃが

リボンにんじんのサラダ

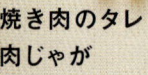

市販の焼き肉のタレで作る肉じゃが。ずるい手かな?と思いながら、間違いなくおいしくなる手間なしおかずは、作るほうも食べるほうも嬉しいもの。平日お昼のお弁当、にんにくは使わないことにしているのですが、調味料に混ざっているものに関しては黙認。だからおいしいのかも(笑)。

手順Memo
肉じゃがは味の含みがよいよう、できれば前日に作っておきます。そうすれば朝、卵を焼くだけ。ほかの2品は火を使わずに作れます。

焼き肉のタレ肉じゃが
何かと使える焼き肉のタレ。お肉やお魚の味つけ以外に、炊き込みご飯や焼きうどんに使うことも。

材料 (1〜2人分)
- 牛こま切れ肉……60g
- じゃがいも……1個
- 玉ねぎ……1/4個
- サラダ油……適量
- 酒……大さじ1
- A
  - 焼き肉のタレ……大さじ2
  - 水……大さじ1と1/2
- しょうゆ……少々

作り方
1. じゃがいもは皮を剥いて長さを2等分し、縦に6等分して水にさらす。玉ねぎは細めのくし形切りにする。
2. フライパンにサラダ油を熱し、水気を切ったじゃがいもを入れて表面を焼く。こんがりと色づいたら、牛肉、玉ねぎを入れて炒め合わせて酒をふり、Aを加える。
3. フタをして、じゃがいもがやわらかくなるまで8分ほど煮る。味を見て、しょうゆで調味する。

だし巻き卵
牛乳を加えてふんわり焼くのは料理上手な母のレシピにならって。甘くない、おだし風味のだし巻きです。

材料 (1人分)
- 卵……1個
- A
  - 牛乳……小さじ1/2
  - 白だし……小さじ1/2
  - しょうゆ……少々
- サラダ油……適量

作り方
1. 小さなボウルに卵をほぐし、Aを加えて混ぜる。
2. 卵焼き器を熱してサラダ油をひき、1の半量を流し入れる。卵焼き器を回すように動かして広げ、手前から奥へ巻き上げる。巻き終わったら手前に寄せて、卵焼き器の空いたところにサラダ油を薄くひき、残りの1を入れる。同様にして巻いて、焼き上げる。

リボンにんじんのサラダ
ピーナッツバターのコクが味の決め手。いんげんや青菜と和えてももちろんおいしい。

材料 (1人分)
- にんじん……1/4本
- 黒ごま……適量
- A
  - ピーナッツバター……小さじ1
  - 酢……小さじ1/2
  - しょうゆ……小さじ1/2
  - 砂糖……小さじ1/4

作り方
1. にんじんは皮を剥き、ピーラーなどで薄くリボン状に削る。水にさっと通して耐熱ボウルに入れ、ラップをふわりとかけて、電子レンジで1分ほど加熱する。水気を切ってAと和える。彩りに、あれば黒ごまを飾る。

ちくわのきゅうり詰め
何てことのない一品ですが、あっさりした味わいで口直しにぴったりのおかず。

材料 (1人分)
- ちくわ……1本
- きゅうり……適量

作り方
1. ちくわの穴の大きさに合わせてきゅうりを細く切る。きゅうりをちくわに詰めて、ひと口大に切る。

適当な大きさに切ったラップの中央にマヨネーズを絞り、茶巾状に包んで輪ゴムで留めた携帯マヨ入れ。食べるときに爪楊枝で底に穴を開け、ちくわきゅうりにピッと絞り出します。

ご飯
ご飯には市販のふりかけをふりました。

ほめられ弁当05
ドライカレー海苔巻き弁当

さつまいもの
ごまメープル

ブロッコリーと
ブナピーの炒め物

ドライカレー
海苔巻き

ドライカレーを巻き込んだ洋風海苔巻き。お弁当は毎日のことだから、ご飯の形をたまに変化させてみると新鮮に映るし、作る側も気分が変わって楽しめます。メインのおかずご飯がボリューミーなので、副菜には野菜のあっさり塩炒めとデザート感覚の甘いさつまいもをつけました。

手順Memo
ドライカレーはできれば前日に作っておいて。朝、海苔巻きを巻いて炒め物とさつまいもを作ればOKです。

ドライカレー海苔巻き

たっぷりの具材をチーズと一緒に巻き込みました。チーズのかわりに厚焼き卵でもおいしいです。

材料（海苔巻き2本分）
- 牛こま切れ肉……120g
- 玉ねぎ……1/2個
- ピーマン……1個
- A 酒……大さじ1
- A しょうがのすりおろし……小さじ1
- B カレー粉、トマトケチャップ、ウスターソース……各大さじ1
- B しょうゆ……小さじ1
- B 砂糖……小さじ1/4
- こしょう、サラダ油……各適量
- スティック状のチーズ……4本
- ご飯……1合分
- 焼き海苔（全形）……2枚

作り方
1. 玉ねぎは薄切り、ピーマンは細切りにする。
2. フライパンにサラダ油を熱し、牛肉を入れてほぐしながら炒める。色が変わってきたらAを入れ、1を加えてさっと炒め合わせ、Bを加えて水分が少なくなるまで炒める。好みで仕上げにこしょうをふり、そのまま冷ます。
3. 台の上にラップを敷いて、海苔をおき、ご飯1/2量を薄く広げる。真ん中部分に2を適量とチーズを棒状にのせ、手前からくるりと巻き、ラップできっちりと包む。同様にしてもう1本作る。

＊海苔巻きを切る際は、ラップごと切ると上手に切れます。
＊お好みでしょうゆを添えて。また、ご飯にはバターと塩少々を混ぜて風味づけしてもおいしいです。

ブロッコリーとブナピーの炒め物

低カロリーで食物繊維豊富なきのこ類は、洗わずすぐ調理できる手軽さが忙しい朝に嬉しい。

材料（1人分）
- ブロッコリー……1/4株
- ブナピー……1/4袋
- 白ワイン……大さじ1弱
- 塩、こしょう、オリーブオイル……各適量

作り方
1. ブロッコリーは小房に分ける。ブナピーは石づきを落として食べやすくほぐす。
2. フライパンにオリーブオイルを熱し、ブロッコリーとブナピーを入れて塩と白ワインをふる。フタをして2分ほど蒸し焼きにし、塩、こしょうで調味する。

さつまいものごまメープル

カレーの辛さにメープルの甘みでバランスよく。ごま団子（p.101）もおすすめ。

材料（1人分）
- さつまいも……1/4本
- ごま油……小さじ1
- メープルシロップ……小さじ1
- しょうゆ……小さじ1/2
- 白炒りごま……適量

作り方
1. さつまいもは好みで皮を剥いて1cm程度の輪切りにし、水にさらす。
2. さつまいもを小鍋に入れ、水大さじ1（分量外）とごま油をふる。フタをして5分ほど蒸し煮にし、やわらかくなったらメープルシロップとしょうゆを加えて混ぜ、白炒りごまを加えて仕上げる。

＊焦げそうなら様子を見て水を少し足して下さい。

ほめられ弁当06

鶏胸肉
ロール弁当

鶏胸肉の
プレーンロール

なすの
ウスターソース漬け

サラダほうれん草の
おひたし

野菜天の
マヨネーズ焼き

作り立ての温かさで勝負できない分、冷めているからこそおいしいおかずは何とも心強く、胸を張ってお弁当に入れられます。鶏胸肉ロールは、そんなおかずのひとつ。いんげんやにんじんなどの野菜を巻き込んで作ると見た目にも華やかな一品になります。

> **手順Memo**
> 鶏胸肉ロールは前日に作り、朝は切るだけに。なすを揚げ焼きにしてからフライパンを拭き、野菜天を焼いて。おひたしは合間に作って。

鶏胸肉のプレーンロール

ぽん酢しょうゆ、マスタード、味噌マヨネーズなど、添えるタレで風味も膨らみます。今日は辛子で。

材料（2本分）
鶏胸肉……1枚
塩、こしょう……各適量

作り方
1. 鶏胸肉は皮を除いて半分に切る。それぞれ厚い部分に切れ目を入れて開き、厚みを均一に広げ、両面に塩、こしょうをやや強めにふる。くるくると丸め、ラップでしっかりと包んで両端をきゅっと結ぶ。
2. 鍋に1を入れ、かぶるくらいの水を注いでフタをし、中火にかける。沸騰したら弱火にして5分ほど加熱し、火を止めてそのままおき、余熱で火を通す。冷めてから冷蔵庫へ。
＊前日に作り、当日の朝に切り分けます。

なすのウスターソース漬け

なすをソースに絡め漬けしただけなのに、それだけとは思えない複雑な味わい。

材料（1人分）
なす……1本
サラダ油（またはごま油）……適量
ウスターソース……大さじ1

作り方
1. なすは小さめの乱切りにする。フライパンに油を熱し、強めの中火で揚げ焼きしてボウルに入れ、ウスターソースを絡める。

サラダほうれん草のおひたし

やわらかなサラダほうれん草は、電子レンジ加熱のかわりに熱湯を回しかけるだけでもOK。

材料（1人分）
サラダほうれん草……1/2袋
A｜だししょうゆ……小さじ1/2
　｜しょうゆ……少々
かつおぶし……適量

作り方
1. サラダほうれん草は5～6cm長さに切ってから洗い、水がついたまま耐熱ボウルに入れる。ラップをふわりとかけて、電子レンジで1分ほど加熱し、水を張ったボウルにあける。
2. 水分を絞り、A、かつおぶしを順に加えて和える。

野菜天のマヨネーズ焼き

市販品を賢く使って無理せず一品を。マヨネーズで焼き直すだけでおいしいおかずに早変わり。

材料（1人分）
野菜天（市販）……4～5個
マヨネーズ……適量

作り方
1. 野菜天は大きければひと口大に切る。フライパンを熱し、野菜天を入れてマヨネーズを少量ずつ絞りのせる。片面が香ばしく焼けたら、返して焼き上げる。
※好みで七味や粉山椒などをふって仕上げるのもおすすめです。

ご飯

ご飯には塩昆布と梅干しをのせました。

ほめられ弁当 07

鮭の
アーモンド焼き
弁当

小松菜の
バターしょうゆ炒め

アボカド
ビーンズサラダ

鮭のアーモンド焼き

朝食や夕飯が和食続きのときなどは、こんな洋食弁当も、気分が変わって喜ばれます。だんなさんへのお弁当だからと渋い見た目や味にこだわりがちですが、思い切って目先を変えたメニューでお弁当のマンネリ感をリセットしましょう！

> **手順Memo**
> 鮭をトースターに入れている間に小松菜を炒めて。このとき、アーモンドを焦がし過ぎないよう注意を。サラダは最後に和えます。

鮭のアーモンド焼き
アーモンドの香ばしさがポイント。マッシュルームはなくてもOKです。

材料（1人分）
鮭……1切れ
塩、こしょう……各少々
マッシュルーム……2〜3個
オリーブオイル……適量
白ワイン……大さじ1
マヨネーズ、スライスアーモンド……各適量

作り方
1. 鮭はキッチンペーパーで水分を拭き取って食べやすい大きさに切り、塩、こしょうをふる。マッシュルームは2〜4等分にする。
2. フライパンにオリーブオイルを熱して1を入れる。鮭に焼き色がついたらひっくり返して白ワインをふり、フタをして3分ほど蒸し焼きにし、耐熱の器に並べる。
3. 鮭の表面にマヨネーズを絞り、スライスアーモンドを散らす。オーブントースターでアーモンドがこんがりと色づくまで焼く。

小松菜のバターしょうゆ炒め
下茹でが不要で使いやすい小松菜を、ご飯によく合うバターしょうゆ味で炒めました。

材料（1人分）
小松菜……1株
バター……小さじ1
しょうゆ……小さじ1/2
こしょう……少々

作り方
1. 小松菜は4〜5cm長さに切る。
2. フライパンにバターを熱し、半分ほど溶けたら小松菜を入れ、さっと炒める。ややしんなりとしたらしょうゆを加え、こしょうをふって仕上げる。

アボカドビーンズサラダ
変色が心配なアボカドは、レモンをしっかりめに効かせておけばお弁当でも大丈夫。

材料（1〜2人分）
アボカド……1/2個
レモン汁……小さじ1
ミックスビーンズ（水煮）……25g
オリーブオイル……小さじ1
塩、こしょう……各適量

作り方
1. アボカドは皮と種を除き、ざく切りにしてボウルに入れ、レモン汁をかける。ミックスビーンズ、オリーブオイルを順に加えて混ぜ、塩、こしょうで調味する。
＊ミックスビーンズのぬめりが気になる際は熱湯を回しかけるとよいです。
＊塩、こしょうのかわりに、ハーブやスパイスが混ざったミックスソルトを使っても手軽でおいしいです。

ご飯（雑穀ご飯）
雑穀ご飯は白米2合に対して十六穀ご飯1袋（30g）を加えて炊きます。

ほめられ弁当08

黒酢酢豚弁当

ニラ入り卵焼き

豆苗の黒ごま和え

黒酢酢豚

3品ながら野菜がしっかり摂れる中華弁当。黒酢あんがとろりと絡まった酢豚は、冷めてもなかなかおいしく、白いご飯がもりもり進む男性好みのおかずです。フライパンと電子レンジで作るこんなお弁当はやっぱり楽チンです。

> **手順Memo**
> すべての野菜を切り、調味料を合わせてから各調理にかかるとスムーズ。野菜を洗ったついでにごま和えを作り、卵焼き、酢豚の順に。

黒酢酢豚

長ねぎのかわりに玉ねぎでもOK。砂糖は黒砂糖を使うと深みとコクがより増します。

材料（1〜2人分）
- 豚こま切れ肉……100g
- 長ねぎ……1/4本
- パプリカ（赤・黄）……各1/8個
- 酒……大さじ1
- サラダ油、塩、こしょう……各適量
- A
  - 黒酢……大さじ1
  - しょうゆ……小さじ2
  - 砂糖……大さじ1
  - 片栗粉……小さじ1/4

作り方
1. 長ねぎは斜め薄切り、パプリカは食べやすく小さく切る。
2. フライパンにサラダ油を熱し、豚こま切れ肉を入れて軽く塩、こしょうをふり、ざっと炒める。色が変わってきたら酒をふり、1を入れて炒め合わせ、Aを加えて混ぜながら味ととろみをつける。

豆苗の黒ごま和え

豆苗はえんどうの若菜。豆の風味が活きたシャキシャキ感は、ごま和えにしても美味。

材料（1人分）
- 豆苗……1/2パック
- A
  - だししょうゆ……小さじ1/4
  - しょうゆ……少々
- 黒すりごま……小さじ1

作り方
1. 豆苗は4〜5cm長さに切ってさっと洗い、水気がついたまま耐熱ボウルに入れる。ラップをふわりとかけ、電子レンジで1分ほど加熱し、水を張ったボウルにあける。
2. 水気を絞ってボウルに入れ、A、黒すりごまを順に加えて和える。

ニラ入り卵焼き

卵焼きもこんな風にひと口サイズで作ると、新鮮な表情になります。

材料（1人分）
- 卵……1個
- ニラ……2〜3本
- A
  - 牛乳……小さじ1/2
  - 白だし……小さじ1/2
  - しょうゆ……少々
- ごま油……適量

作り方
1. ニラは2〜3cm長さに切る。ボウルに卵をほぐし、A、ニラを加えて混ぜる。
2. フライパンにごま油を熱し、1をスプーンで小さく流し入れ、流れた卵液を寄せるように形作り、両面をこんがりと焼く。

ご飯

ご飯には白と黒の炒りごまをふりました。

ほめられ弁当09
おにぎり弁当

- いんげんと長いものピカタ
- ウインナーのピリ辛ケチャップ炒め
- おにぎり4種

急なお弁当のオーダーには、慌てず騒がずご飯が主役のこんなお弁当を。ウインナーを大人っぽいケチャップ味に炒め、あり合わせの野菜を卵でまとめて。おかずが少なめなところをおにぎりのバリエーションでフォローしつつ、紙のランチボックスに彩りよく詰めれば、楽しげなおにぎり弁当の完成です。

> **手順Memo**
> ご飯を炊いている間におかず（ピカタ、ウインナーの順で）とおにぎりの具材作り。ご飯が蒸らし終わったら、好きなものから握ります。

おにぎり4種

具材は何でもOK。混ぜ込むものや海苔の巻き方などで見た目に変化をつけると賑やか。

鮭フレークマヨおにぎり

材料（2個分）

A
- 鮭フレーク……大さじ1
- マヨネーズ……小さじ1
- こしょう……少々

- ご飯……茶碗1杯分
- 海苔、木の芽……各適量

作り方

1. ご飯を2等分し、混ぜ合わせたAを真ん中に入れて丸く握り、おにぎりを2つ作る。ひとつには細く切った海苔を十字に飾り、もうひとつには木の芽をのせる。

梅ゆかりおにぎり

材料（1個分）

- 梅肉……1/2個分
- ゆかり……適量
- ご飯……茶碗半分

作り方

1. ご飯にゆかりをさっくりと混ぜ込み、梅肉を真ん中に入れて丸く握る。

高菜漬けおにぎり

材料（1個分）

- 高菜漬けのみじん切り……適量
- ご飯……茶碗半分

作り方

1. 高菜漬けをご飯にさっくりと混ぜ込み、丸く握る。

ウインナーのピリ辛ケチャップ炒め

ケチャップ炒めに豆板醤を加えると、大人好みのパンチの効いた味わいになります。

材料（1人分）

- ウインナー……3本

A
- ケチャップ……大さじ1/2
- 豆板醤……少々

作り方

1. ウインナーは食べやすい長さに斜め切りにする。フライパンを熱してウインナーを炒め、こんがりと焼けてきたら、Aを加えて絡める。

いんげんと長いものピカタ

野菜の食感がおいしい、やさしい味のピカタ。紅しょうがの風味がアクセントです。

材料（1人分）

- いんげん……4〜5本
- 長いも……1cm
- 紅しょうがのみじん切り……適量
- 小麦粉……小さじ1弱

A
- 卵……1/2個
- 白だし……小さじ1/4
- 塩……適量
- ごま油……適量

作り方

1. いんげんは5mm程度の小口切り、長いもは皮を剥いて5mm程度の角切りにする。
2. ボウルに1と紅しょうがを入れて小麦粉をまぶし、Aを加えてよく混ぜる。
3. フライパンにごま油を熱し、2をスプーンで小さく丸く流し入れ、両面をこんがりと焼く。

＊お好みでぽん酢しょうゆなどをおしょうゆ入れに入れて添えても。

ほめられ弁当⑩

鶏ごぼうご飯弁当

一品で満足なボリューミーな混ぜご飯。時間のないときはこの混ぜご飯+お漬物だけで完成させることも多々。しっかり味のご飯なので、さっぱり味のおかずを添えると味のバランスがいいと思います。

鶏ごぼうの混ぜご飯

せりのおひたし

だし巻き卵 (p.17)

かぶの梅和え

手順Memo
だし巻き卵、混ぜご飯の順に作り、合間におひたしを作ります。かぶの梅和えは前日に作っておいても。

せりのおひたし

独特の香味のあるせりはおひたしにすると爽やかな味わいに。

材料（1〜2人分）
せり……1束
A｜ 白だし……小さじ1/2
　｜ しょうゆ……少々
　｜ かつおぶし……適量

作り方
1. せりは4〜5cm長さに切ってから洗い、水がついたまま耐熱ボウルに入れる。ラップをふわりとかけて、電子レンジで1分〜1分30秒ほど加熱し、水を張ったボウルにあける。
2. 水気を絞り、A、かつおぶしを順に加えて混ぜる。

鶏ごぼうの混ぜご飯

鶏肉がゴロゴロ、ごぼうがザクザク。時間をおくとより味がなじむので、前日から作っておいても。

材料（1合分）
鶏もも肉……100g
ごぼう……1/4本
ごま油……適量
A｜ 酒……大さじ1/2
　｜ しょうゆ……大さじ1
　｜ みりん……大さじ1/2
　｜ 砂糖……大さじ1/2
　｜ 白だし……大さじ1/2
温かいご飯……1合分

作り方
1. 鶏もも肉は余分な脂を除き、2〜3cmの大きさに切る。ごぼうは皮をこそげてピーラーなどでささがきにし、さっと洗う。
2. フライパンにごま油を熱し、鶏もも肉、水気を切ったごぼうを順に加えて炒め合わせる。Aを加え、水分が少なくなるまで炒め煮にし、温かいご飯にさっくりと混ぜ込む。
＊大きめのフライパンを使って具を炒め、そこにご飯を加えて混ぜると合わせやすいです。

かぶの梅和え

あると嬉しい小さなさっぱりおかず。かぶのかわりに大根でもどうぞ。

材料（1人分）
かぶ……1/4個
塩……適量
梅干し……1/2〜1個

作り方
1. かぶは皮を剥き、薄いいちょう切りにして塩でもみ、5〜10分ほどおく。梅干しは種を除いて実を小さくちぎるか包丁で叩く。
2. かぶの水気を絞り、梅肉と和える。

ほめられ弁当⑪
ゆずこしょう風味の牛丼弁当

のっけ弁当の不動の人気者といえば、牛丼弁当でしょう。クイック＆イージーながら、「うまかった。ご飯がバクバク食べられる」なんて喜ばれると、お弁当ってこういう感じでいいんだなぁとホッとします。

手順Memo
材料を切り、Aをあらかじめ合わせておけば、あっという間に作れます。余力があれば、保温マグ(p82参照)にお味噌汁をつけてあげても。

牛丼 ゆずこしょう風味

牛丼 ゆずこしょう風味

いつもの牛丼もゆずこしょうのひとさじで、はんなりとした色気のある味わいに。

材料（1人分）
- 牛こま切れ肉……120g
- 玉ねぎ……1/4個
- 万願寺唐辛子……1本
- サラダ油……適量
- A
  - 酒……大さじ1
  - しょうゆ……大さじ1
  - だししょうゆ……大さじ1/2
  - 砂糖……大さじ1
  - 水……大さじ1
- ゆずこしょう……小さじ1/2

作り方
1. 玉ねぎは薄切りに、万願寺唐辛子は細切りにする。
2. フライパンにサラダ油を熱して牛肉を入れ、ほぐすように炒める。色が変わってきたら玉ねぎと万願寺唐辛子を加えてさっと炒め合わせ、Aを加えて水分が少なくなるまで混ぜながら煮る。ゆずこしょうを加えて仕上げる。

＊万願寺唐辛子がなければピーマンでもOK。また、入れなくてもおいしく作れます。

ご飯　ご飯の上に牛丼の具をのせ、みじん切りにした紅しょうがを散らします。

Part 1　ほめられ弁当ベスト20

ほめられ弁当⑫

味噌トンカツ弁当

ソースカツ丼と並んで人気度の高い、味噌カツ丼。日本の味噌味、断然ご飯によく合います。お弁当箱に深さがある場合、味噌ダレを絡ませたトンカツをご飯の間にも忍ばせて。

塩もみ
きゅうり

トンカツ

手順Memo
塩もみきゅうりは前日に作っておきます。時短を狙うなら、とんかつの衣つけまで前日に。キャベツは当日切ったほうがフレッシュ。

トンカツ

薄切り肉をたたんで重ねて作るトンカツは、時間が経ってもやわらかくいただけます。

材料（1人分）
豚薄切り肉……4枚　　小麦粉、溶き卵、パン粉、
塩、こしょう……各少々　サラダ油……各適量
練り辛子……少々

作り方
1. 豚薄切り肉は片面に塩、こしょうをふって返し、もう片面に練り辛子を塗る。3つ折りにして軽く押さえて形を整えたら、小麦粉、溶き卵、パン粉を順につける。
2. フライパンにサラダ油を少し多めに熱し、カラリと揚げ焼きにする。

ご飯

ご飯の上にキャベツのせん切りを敷き、スライスした茹で卵、塩もみきゅうり、食べやすく切ったトンカツをのせます。ソースは簡単に市販の味噌ダレを使用しています。

塩もみきゅうり

揚げ物と味噌味で重くなりがちなお弁当には、しょうが風味の漬け物を添えて箸休めに。

材料（1人分）
きゅうり……1/4本
塩、しょうがのすりおろし……各少々

作り方
1. きゅうりは少し厚めの小口切りにして塩でもみ、5〜10分ほどおく。水気を絞り、しょうがのすりおろしと和える。

万能味噌ダレ、ナカモの「つけてみそかけてみそ」。味わいは異なりますが、ないときは赤味噌大さじ1、酒大さじ1、みりん大さじ1、水大さじ1、砂糖大さじ1強、ウスターソース小さじ1/2、だししょうゆ小さじ1/2、白すりごま小さじ1/2を軽く煮詰めて。

ほめられ弁当⑬

焼き鶏丼弁当

焼き鶏は魚焼きグリルで脂を落としながら香ばしく焼きたいところですが、お弁当の場合はフライパンひとつで作るのがやっぱり手軽。照り焼きとはひと味違い、甘さを抑えたシンプル味の焼き鶏です。

手順Memo
フライパンを熱したら、まずししとうと長ねぎを焼き、炒り卵を作り、最後に鶏肉の順で焼きます。

ししとうと
白ねぎ焼き

焼き鶏

ねぎ入り炒り卵

焼き鶏

ごま油の豊かな香りで焼いても。急ぐときは鶏肉を薄めのそぎ切りにすると、火の通りが早いです。

材料（1人分）
鶏もも肉……1/2枚
塩……少々
サラダ油……適量
酒……大さじ1/2
A │ みりん……大さじ1/2
　 │ しょうゆ……大さじ1/2

作り方
1. 鶏もも肉は余分な脂を除いて食べやすく切り、軽く塩をふる。
2. フライパンにサラダ油を熱し、鶏もも肉を皮目から入れる。焼き色がついたらひっくり返して酒をふり、フタをして3分ほど蒸し焼きにし、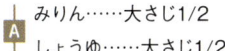を加えて色よく絡める。

ししとうと白ねぎ焼き

野菜をただ焼いただけの潔い一品は、こんがりとついた焼き目こそ、大切な調味料。

材料（1人分）
ししとう……5個
長ねぎ（白い部分）……1/2本分
サラダ油、塩……各適量

作り方
1. ししとうは包丁の先で2～3カ所切れ目を入れる。長ねぎは長さ3cm程度に切る。
2. フライパンにサラダ油を熱し、ししとうと長ねぎをこんがりと焼く。軽く塩をふって仕上げる。

ねぎ入り炒り卵

なくてもOKですが、炒り卵があると彩りにもなり、最後まで飽きずにいただけます。

材料（1人分）
卵……1個
A │ 牛乳……小さじ1/2
　 │ 白だし……小さじ1/2
　 │ しょうゆ……少々
万能ねぎの小口切り……大さじ1/2
サラダ油……適量

作り方
1. 小さなボウルに卵をほぐし、Aを加えて混ぜ、ねぎの小口切りを加える。
2. フライパンにサラダ油を熱し、1を流し入れる。菜箸を3～4本使ってよく混ぜ、ポロポロの状態に火を通す。

ご飯　ご飯の上半分にねぎ入り炒り卵を広げて焼き鶏を、残り半分にししとうと長ねぎ焼きをのせ、しば漬けを添えます。

白身魚の白だし漬け焼き弁当

アスパラガスの味噌マヨ和え

タイの白だし漬け焼き

ミニがんもの薄味煮

七味しいたけ

純和風にまとめた和食弁当。お弁当を作り始めた頃には考えなかった地味な献立も、今ではすっかり日常的になりました。年齢を重ねるにつれ好みのおかずや味つけは変わるものですが、お弁当を通して相手の体を気づかえるのも、手作り弁当のいいところだと思います。

> **手順Memo**
> 朝一番に漬け置いた魚を冷蔵庫から出し、電子レンジ調理の副菜3品を順に仕上げ、フライパンで魚を焼いたら完成。

タイの白だし漬け焼き

おいしいだし味をゆっくりと含ませたタイ。
皮目は香ばしく、身はふっくらと焼き上げて。

材料（1人分）

タイ（サワラ、スズキなどでもOK）……1切れ

A
- 白だし……大さじ1/2
- 酒……大さじ1/2
- みりん……小さじ1
- 水……小さじ1

作り方

1. タイは2～3等分に切ってAに漬け込み、一晩おく。
2. 1の汁気をキッチンペーパーなどで軽く拭き、フライパンまたは魚焼きグリルでこんがりと焼く。

＊フライパンで焼くときはフライパン用ホイルシートやクッキングシートを敷くと、油なしでも上手に焼け、後片付けも簡単です。

ミニがんもの薄味煮

片栗粉で煮汁にとろみをつけているから、
汁もれする心配は無用。味もきちんと絡みます。

材料（1人分）

ミニがんも……3～4個

A
- 白だし……小さじ1
- みりん……小さじ1
- 水……大さじ2
- 片栗粉……小さじ1/4

作り方

1. ミニがんもは半分に切り、切り口を下にして熱湯を回しかける。耐熱ボウルにAを合わせ、がんもを入れる。
2. ラップをふわりとかけ、電子レンジで2分ほど加熱する（途中で2～3度取り出してゆする）。

アスパラガスの味噌マヨ和え

味噌とマヨネーズでご飯の進むしっかりとした味わい。
スナップえんどうやいんげんで作っても。

材料（1人分）

アスパラガス……3本

A
- 味噌……小さじ1
- マヨネーズ……小さじ1/2
- しょうゆ……小さじ1/4

作り方

1. アスパラガスは根元の硬い部分を切り落とし、長さ4cm程度の斜め切りにする。さっと水に通して耐熱ボウルに入れ、ラップをふわりとかけ、電子レンジで40秒～1分ほど加熱する。
2. 水気を切ってAと和える。

ご飯　ご飯には白炒りごまをふりました。

七味しいたけ

しいたけの即席佃煮。冷蔵庫に佃煮的常備菜が
何かあれば、それを詰めてもいいですね。

材料（1～2人分）

しいたけ（大）……3枚

A
- みりん……大さじ1/2
- しょうゆ……大さじ1/2

七味唐辛子……適量

作り方

1. しいたけは十字に4等分する。耐熱ボウルにAを合わせ、しいたけを入れてさっと混ぜる。
2. ラップをふわりとかけ、電子レンジで1分～1分30秒加熱する。仕上げに七味をふって混ぜる。

ほめられ弁当⑮
豚肉の竜田揚げ弁当

「朝から揚げ物はちょっと……」とお弁当に揚げ物を入れるのを敬遠していたのは遠い昔のこと。フライパンに1〜2cm高さの油を入れて揚げ焼きにする方法を知って以来、揚げ物へのハードルがぐっと下がり、お弁当のバリエーションが一気に広がったのでした。お腹の持ちがよく、何よりおいしいのが嬉しい。

豚肉の竜田揚げ

枝豆入り
ポテトサラダ

れんこんの
黒酢きんぴら

カニかま巻き
だし巻き卵

手順Memo
ポテサラときんぴらは前日に作っておくとラク。朝、豚肉の下味をなじませている間に卵を焼き、続けて豚肉を揚げ焼きにします。

豚肉の竜田揚げ

しょうがを効かせた風味のある竜田揚げ。
薄くカリリと揚げているからどんどん食べられます。

材料（1〜2人分）
豚肉（しょうが焼き用）……100g
A
| 酒……大さじ1/2
| しょうゆ……小さじ2
| しょうがのすりおろし……小さじ1/2
| 砂糖……ひとつまみ
片栗粉……適量
サラダ油……適量

作り方
1. 豚肉はスジを切り、ひと口大に切る。ビニール袋に入れ、Aを加えてもみ込み、5〜10分おく。片栗粉を全体にまぶしつける。
2. フライパンにサラダ油を少し多めに熱し、1を広げて入れ、色よく香ばしく揚げ焼きにする。

＊しょうゆは白しょうゆや薄口しょうゆを使うと、揚げ上がりの色がきれいです。

枝豆入りポテトサラダ

さっぱり仕上げたポテトサラダ。レモンの酸味に大葉の爽やかさ、意外なほどにおいしいです。

材料（1〜2人分）
じゃがいも……1個
塩……少々
枝豆（茹でたもの）……50g
大葉……1〜2枚
A
| レモン汁……小さじ1
| 酢……小さじ1/4
| サラダ油……大さじ1/2
| 塩、こしょう……各少々
| 砂糖……ひとつまみ

作り方
1. じゃがいもは小さく切って水にさらす。軽く水気を切って耐熱ボウルに入れて塩をふり、ラップをふわりとかけ、電子レンジで2分〜3分加熱する。枝豆はさやを除く。大葉はせん切りにする。
2. ボウルに1を入れてさっくりと混ぜ、Aで調味する。

＊Aのかわりに市販のお好みのドレッシングやマヨネーズで味つけしてもOKです。

れんこんの黒酢きんぴら

揚げものにはさっぱり味の副菜が嬉しい。
きんぴらに黒酢の酸味を足しました。

材料（1〜2人分）
れんこん……4cm（60g）
サラダ油……適量
A
| 黒酢……小さじ1
| しょうゆ……大さじ1/2
| 酒……小さじ1
| 砂糖……小さじ1/2
白ごま……小さじ1/2

作り方
1. れんこんは皮を剥き、大きさに応じて縦2〜4等分し、薄切りにして水にさらす。
2. フライパンにサラダ油を熱し、水気を切った1を入れて炒める。油が回ったらAを加え、水分が少なくなるまで炒め、白ごまを混ぜて仕上げる。

カニかま巻きだし巻き卵

カニかま入りのだし巻きは、
見た目に華やかさを添え、ボリュームもアップ。

材料（1人分）
卵……1個
A
| 牛乳……小さじ1/2
| 白だし……小さじ1/2
| しょうゆ……少々
カニかま……2本
サラダ油……適量

作り方
1. 小さなボウルに卵をほぐし、Aを加えて混ぜる。
2. 卵焼き器を熱してサラダ油をひき、1の半量を流し入れる。卵焼き器を回すように動かして広げ、手前にカニかまを一列にのせ、手前から奥へ巻き上げる。巻き終わったら手前に寄せて、卵焼き器の空いたところにサラダ油を薄くひき、残りの1を入れる。同様にして巻いて、焼き上げる。

■ ご飯　ご飯には白炒りごまをふり、ザーサイをのせました。

ほめられ弁当⑯
鶏肉のピリ辛
照り焼き弁当

何度作っても歓迎される、しっかりと味が絡んだご飯が進む照り焼き味のおかず。プラスアルファの調味料次第で簡単にバリエーションがつくから、作るほうも飽きずにまた作りたくなります。今日はコチュジャンを効かせ、ちょっぴりピリ辛に仕上げてみました。

**韓国海苔入り
だし巻き卵**

**チンゲンサイの
クリーム煮**

**鶏肉の
ピリ辛照り焼き**

**大根の
塩昆布和え**

> 手順Memo
> 大根の塩昆布和えは前日に作り置くことも。フライパンでだし巻き、鶏肉の順に焼き、隣の小鍋でクリーム煮を並行調理。

鶏肉のピリ辛照り焼き

コチュジャンは韓国の唐辛子味噌。辛みに加えて甘みがあり、使いやすい調味料のひとつ。

材料（1〜2人分）

鶏もも肉……1/2枚
塩……少々
ごま油……適量
酒……大さじ1

A｜しょうゆ……大さじ1
　｜砂糖……大さじ1/2
　｜コチュジャン……小さじ1

作り方

1. 鶏もも肉は余分な脂を除いて食べやすく切り、軽く塩をふる。
2. フライパンにごま油を熱し、1を皮目から入れる。焼き色がついたらひっくり返して酒をふり、Aを加え、フタをして3分ほど蒸し焼きにする。最後にフタを取り、照りよく煮絡める。

チンゲンサイのクリーム煮

ピリ辛な主菜の隣には、やわらかなクリーム味でまとめたチンゲンサイの副菜でバランスを。

材料（1〜2人分）

チンゲンサイ……1株
ごま油……適量
塩、こしょう……各適量

A｜牛乳……大さじ2
　｜だししょうゆ……小さじ1
　｜しょうゆ……少々
　｜片栗粉……小さじ1/2

作り方

1. チンゲンサイは食べやすい長さに切る。根元部分は6つに割る。
2. フライパンにごま油を熱し、チンゲンサイを入れて軽く塩、こしょうをふり、さっと炒める。油が回ったら合わせたAを加え、チンゲンサイがしんなりとし、とろみがつくまで混ぜながら煮る。

大根の塩昆布和え

ごくごく簡単だけど、ちょっとあるだけで充実感が増す小さなおかず。

材料（1人分）

大根……1cmほど
塩……少々

A｜塩昆布……小さじ1/2
　｜ごま油……少々

作り方

1. 大根は皮を剥き、薄いいちょう切りにして塩でもみ、5〜10分ほどおく。水気を絞り、Aと和える。

韓国海苔入りだし巻き卵

コチュジャン風味の照り焼きになじむよう、韓国海苔入りのだし巻き卵を合わせました。

材料（1人分）

卵……1個
A｜牛乳……小さじ1/2
　｜白だし……小さじ1/2
　｜しょうゆ……少々
韓国海苔……2〜3枚
サラダ油……適量

作り方

1. 小さなボウルに卵をほぐし、Aを加えて混ぜ、韓国海苔を小さくちぎって加え、混ぜる。
2. 卵焼き器を熱してサラダ油をひき、1の半量を流し入れる。卵焼き器を回すように動かして広げ、手前から奥へ巻き上げる。巻き終わったら手前に寄せて、卵焼き器の空いたところにサラダ油を薄くひき、残りの1を入れる。同様にして巻いて、焼き上げる。

ご飯　ご飯にはゆかりをふりました。

ほめられ弁当⑰
豚肉のバルサミコマリネ焼き弁当

ズッキーニの
オリーブオイル焼き

かぼちゃと
クリームチーズの
サラダ

豚肉の
バルサミコ
マリネ焼き

メインの豚肉のバルサミコマリネ焼きは、主人以上に私が好きなお弁当のおかずかもしれません。多めに作って自分用のお昼ごはんにすることも多く、たっぷりの葉野菜とアボカドを組み合わせてボリュームのあるサラダプレートにするのがお気に入り。もちろん、白いご飯のおかずにもぴったりです。

> **手順Memo**
> 前夜にマリネした豚肉を冷蔵庫から出しておき、かぼちゃのサラダを仕上げてから、ズッキーニ、豚肉の順に焼きます。

豚肉のバルサミコマリネ焼き

一晩マリネしたおかげでしっとりやわらかに焼き上がります。バルサミコ酢の分量は好みで加減を。

材料（1～2人分）
- 豚薄切り肉……100g
- ハーブソルト……適量
- 玉ねぎ……1/4個
- ピーマン（赤・緑）……各1/2個

A
- バルサミコ酢……小さじ2
- オリーブオイル……大さじ1
- しょうゆ……小さじ1
- 黒こしょう……少々

作り方
1. 豚薄切り肉は広げてハーブソルトをしっかりとふる。玉ねぎは薄切り、赤パプリカとピーマンは細切りにする。
2. ビニール袋に1の豚薄切り肉とAを入れて軽くもみ込み、1の野菜も入れて、冷蔵庫で一晩マリネする。
3. 冷蔵庫から出し、熱したフライパンで焼く。

＊簡単にハーブソルトを使いましたが、塩、こしょうだけでもいいし、好みのハーブ（ドライでもフレッシュでも）を使ってもOKです。

ズッキーニのオリーブオイル焼き

オリーブオイルの風味で、シンプルに焼いただけのズッキーニもしみじみおいしくなります。

材料（1人分）
- ズッキーニ……1/4本
- オリーブオイル、塩、こしょう……各適量

作り方
1. ズッキーニは5mm程度の厚さにスライスする。
2. フライパンにオリーブオイルを熱し、ズッキーニを重ならないよう並べ入れる。両面をこんがりと焼き、塩、こしょうをふって仕上げる。

かぼちゃとクリームチーズのサラダ

クリームチーズが調味料になるサラダ。好みでレーズンやナッツなどを入れてもおもしろいです。

材料（1～2人分）
- かぼちゃ……120g
- クリームチーズ……20g
- マヨネーズ……大さじ1/2
- 塩、こしょう……各適量

作り方
1. かぼちゃは種とワタを取って小さく切る。耐熱の器に入れて水を少々ふり、ラップをふわりとかけ、電子レンジでやわらかくなるまで加熱する。
2. 1の皮を除いてボウルに入れ、フォークなどで粗くつぶす。ちぎったクリームチーズとマヨネーズを加えて混ぜ、塩、こしょうで調味する。

ご飯 ご飯には黒ごまをふりました。

ほめられ弁当⑱
グリルチキンの
サラダ弁当

グリルチキンと
グリル野菜

ロールパンの
スクランブル
エッグサンド

「パンのお弁当」も熱烈歓迎なうちの主人。お腹に軽いお昼がよさそうな日、荷物を少なくしたい日などは、サンドイッチだけを持って行ってもらうことも。しっかり食べるなら、こんな風にグリルサラダが合います。タレを市販のドレッシングにすればひと手間省けてもっと気楽になります。

> **手順Memo**
> 鶏肉と野菜をオイルに漬けている間にスクランブルエッグを作ります。鶏肉と野菜を焼いてお弁当に詰め、サンドイッチを仕上げて。

グリルチキンとグリル野菜

グリルで一度に焼く場合、野菜は鶏肉より早く火が通るので焦げないよう先に取り出して。

材料（1人分）
- 鶏もも肉……1/2枚
- スナップえんどう……3本
- アスパラガス……2本
- パプリカ（赤・オレンジ）……各1/4個
- ブロッコリースプラウト……少々
- ミックスソルト……適量
- オリーブオイル……大さじ1/2〜1

[粒マスタードダレ]
A
- 粒マスタード……大さじ1/2
- しょうゆ……小さじ2
- 酢……小さじ1/2
- はちみつ……小さじ2
- 黒こしょう……適量

作り方
1. 鶏もも肉は余分な脂を除いて半分に切り、身のほうにミックスソルトをしっかりとまぶす。
2. スナップえんどうは筋を取る。アスパラガスは根元の硬い部分を切り落として5〜6cm長さに、パプリカは食べやすい大きさに切る。
3. ビニール袋に1と2、オリーブオイルを入れて軽くもみ、5〜10分ほどおく。魚焼きグリルかフライパンに並べ、こんがりと香ばしく焼く。
4. 冷めたら鶏もも肉を切り、焼いた野菜とともにお弁当箱にバランスよく詰め、ブロッコリースプラウトを散らす。Aを混ぜ合わせてタレを作り、お弁当に添える。

＊鶏もも肉と野菜のオリーブオイルマリネは、前日の夜に作って冷蔵庫に入れておくと朝がラクです。

ロールパンのスクランブルエッグサンド

スクランブルエッグを具材にしたスピーディーさ、シンプルなおいしさが自慢です。

材料（2個分）
- 卵……1個
- 牛乳……小さじ1
- オリーブオイル……適量
- マヨネーズ……小さじ2
- 塩、こしょう……各少々
- ロールパン……2個
- ディジョンマスタード、マーガリン、黒こしょう……各適量
- レタス……1〜2枚

作り方
1. 小さなボウルに卵をほぐし、牛乳を入れて混ぜる。フライパンにオリーブオイルを熱し、卵液を一度に流し入れ、菜箸で大きく混ぜながらふんわりと火を通す。ボウルに移してマヨネーズを混ぜ、塩、こしょうで調味する。
2. ロールパンに切れ目を入れ、マーガリンとディジョンマスタードを塗り、適当な大きさにちぎったレタスと1をサンドし、卵の部分に好みで黒こしょうをふって仕上げる。

ほめられ弁当⑲
白身魚の
レンジ蒸し弁当

わかめ入り
だし巻き卵

白身魚の
レンジ蒸し

さつま揚げと
しめじの
ごま味噌炒め

切り身魚も、積極的に使いたい素材のひとつ。お魚調理は臭いや汚れが気になりますが、電子レンジを使って蒸すこのレシピなら、時間短縮&後片付けもラク。合わせ調味料や野菜と一緒に電子レンジにかければ、パサつくこともなく、蒸し器を使わなくてもおいしく仕上がります。

> **手順Memo**
> まずレンジ蒸しを仕上げ、だし巻き卵、ごま味噌炒めの順で作ります。市販の調味味噌を使えばさらに手間が省けるスピード弁当です。

白身魚のレンジ蒸し

あればしょうがのせん切りを長ねぎと一緒にのせて加熱すると、よりおいしいです。

材料（1人分）
- タラ（スズキやサワラでもOK）……1切れ
- 長ねぎ（白い部分）……1/4本
- A
  - 酒……小さじ1
  - ぽん酢しょうゆ……小さじ2
  - しょうゆ……小さじ1
  - 片栗粉……小さじ1/4
  - 水……小さじ1

作り方
1. タラは食べやすい大きさのそぎ切り、長ねぎは約3cm長さの斜め切りにする。
2. 耐熱ボウルにタラを入れて長ねぎをのせ、合わせたAをふる。ラップをふわりとかけ、電子レンジで2分～3分加熱する。途中で2～3度取り出してゆする。粗熱が取れるまでそのままおく。

※タラはザルにのせ、熱湯と水を順に回しかけてから調理すると、上品な味に仕上がります。

わかめ入りだし巻き卵

卵液に乾燥わかめを散らすだけ。
風味のいいおかずになります。

材料（1人分）
- 卵……1個
- A
  - 牛乳……小さじ1/2
  - 白だし……小さじ1/2
  - しょうゆ……少々
- わかめ（乾燥）……小さじ1/2
- 紅しょうが……少々
- サラダ油……適量

作り方
1. 小さなボウルに卵をほぐし、Aを加えて混ぜ、わかめ（手でやや細かくして）と紅しょうがを加えて混ぜる。
2. 卵焼き器を熱してサラダ油をひき、1の半量を流し入れる。卵焼き器を回すように動かして広げ、手前から奥へ巻き上げる。巻き終わったら手前に寄せて、卵焼き器の空いたところにサラダ油を薄くひき、残りの1を入れる。同様にして巻いて、焼き上げる。

さつま揚げとしめじのごま味噌炒め

市販の練りものが入った、しっかり味&食べ応えのあるおかずです。

材料（1人分）
- さつま揚げ……1枚
- しめじ……1/4パック
- A
  - みりん……小さじ1
  - 赤味噌……小さじ1弱
  - だししょうゆ……小さじ1
  - 砂糖……小さじ1/4
  - すりごま……小さじ1/2
- サラダ油……適量

作り方
1. さつま揚げは1cm幅の細切りに、しめじは石づきを取って食べやすくほぐす。
2. フライパンにサラダ油を熱し、1を入れて炒め合わせる。合わせたAを加え、炒めて絡める。

ごま味噌炒めは「献立いろいろみそ」などの調味味噌をAのかわりに使っても。大さじ1弱程度加えるだけでも味が決まります。

ご飯

ご飯にはちりめん山椒を混ぜ込みました。白炒りごまや、ごま油を少し加えてもおいしいです。

ほめられ弁当⑳
牛肉の
マスタードクリーム焼き弁当

ふんわり卵焼き

グリーンピースのゆずこしょう和え

牛肉のマスタードクリーム焼き

ごぼうとにんじんのきんぴら

旨みが強く香りのよいまいたけを薄切り肉でくるりと巻いて、おしゃれなクリーム仕立てに。マスタードクリーム味ですが、しょうゆを加えているのでご飯にもよく合います。半端に余った薄切り肉は、きのこや野菜を巻いて焼くだけで立派な一品に。何かと助かるテクニックです。

> **手順Memo**
> ゆずこしょう和えは最初か最後、卵焼き、きんぴら、マスタードクリーム焼きの順で。きんぴらは常備菜があればさらに時間短縮に。

牛肉のマスタードクリーム焼き

生クリームが少量残ってしまったときにもいいレシピ。あまり煮詰め過ぎないのがポイント。

材料（1～2人分）

牛薄切り肉……4枚
まいたけ……1/2パック
酒……大さじ1
A│生クリーム……大さじ1
　│粒マスタード……小さじ1/2
　│しょうゆ……小さじ1
塩、こしょう、サラダ油……各適量

作り方

1. 牛薄切り肉を広げ、片面に塩、こしょうをしたら返し、まいたけをのせて、ややきつめにくるくると巻く。
2. フライパンにサラダ油を熱し、1の巻き終わりを下にして焼く。全面がこんがりと焼けたら酒をふり、Aを加えて少し煮詰め、絡める。

ごぼうとにんじんのきんぴら

いつものきんぴらも主菜の雰囲気に合わせてはちみつと黒こしょうで洋風にアレンジ。

材料（1人分）

ごぼう……1/4本
にんじん……1～2cm
A│酒……小さじ1
　│しょうゆ……小さじ1
　│はちみつ……小さじ1
オリーブオイル、黒こしょう……各適量

作り方

1. ごぼうは皮をこそげてピーラーなどで薄いささがきにし、水でさっと洗う。にんじんも薄いささがきにする。
2. フライパンにオリーブオイルを熱し、水気を切った1を入れて炒める。油が回ったらAを加え、水分が少なくなるまで炒め煮する。黒こしょうをふって仕上げる。

グリーンピースのゆずこしょう和え

オリーブオイルはしょうゆとも好相性。和食にもどんどん使います。

材料（1人分）

グリーンピース（冷凍）……1/4カップ
A│オリーブオイル……小さじ1/4
　│ゆずこしょう……少々
　│塩……少々

作り方

1. グリーンピースは耐熱ボウルに入れて水少々（分量外）をふり、ラップをふわりとかけて電子レンジで30秒～1分ほど加熱する。水気を切ってAと和える。

ふんわり卵焼き

マヨネーズ効果でほわっと軽い口当たり。パパッと手早くまとめて焼き上げるのがおいしい。

材料（1人分）

卵……1個
A│白だし……小さじ1/2
　│マヨネーズ……小さじ2
　│こしょう……少々
サラダ油……適量

作り方

1. 小さなボウルに卵をほぐし、Aを加えて混ぜる。
2. フライパンにサラダ油を熱し、1を流し入れる。菜箸で大きく混ぜて火を通し、フライパンのカーブを使ってまとめながらざっと形作る。

＊火加減はやや強めの中火程度、手早くふんわりと作ります。焼き上がりの形は、大雑把に焼いただし巻き卵や小さめのオムレツのような感じです。

ご飯（雑穀ご飯） 雑穀ご飯は、白米2合に対して十六穀ご飯1袋（30g）を加えて炊きます。

おすすめ
アイテム ❶

お弁当作りに便利なあれこれ

小さな調理器具

少量調理のおかず作りには、熱効率や作業性がよくて、材料や調味料の分量に見合った小容量の道具が適しています。直径20cm前後のフライパン、直径約15cmの小鍋に加え、小さな卵焼き器があるととても便利。

盛りつけ箸とミニしゃもじ

先端が極細の盛りつけ箸は、隙間を埋める小さなおかずを詰めるときに活躍。すくう部分がコンパクトなしゃもじはスリムなお弁当箱にもご飯が詰めやすい優れもの。なくてもいいものですが、あると重宝します。

スライサー

加熱に時間をかけられないお弁当作りには、野菜を均一に&素早く切ってくれるスライサーも役立ちます。夕食準備のついでに残り野菜をササッとスライスしておけば、お弁当にもう一品加えたいときに助かります。

ワックスペーパー

小さく切ったものをおかずの仕切りがわりに使ったり、空き箱をお弁当箱にする際に箱に敷き込んでからご飯やおかずを詰めたり、サンドイッチを包んだりなど、ひとつ持っていると何かと便利です。

電子レンジ用卵グッズ

茹で卵や目玉焼き風の卵焼き、ポーチドエッグなどが電子レンジで作れる便利な道具。朝からお湯を沸かしての茹で卵作りはちょっと大変だけど、電子レンジでOKなら、うんと気軽になりますね。

シリコンスチーマー

ガスコンロとの並行調理で簡単にもう1品作れる電子レンジ調理器は、慌ただしい朝のお弁当作りにも大活躍。食材をおいしく加熱してくれるシリコンスチーマー、私はVIVのシリーズを愛用しています。

パストリーゼ

梅雨から夏場にかけては、とくに腐敗が気がかりなお弁当。手指、まな板、調理器具にひと吹き、詰め終わったお弁当にとひと吹きで殺菌消毒ができるアルコールスプレーがあると安心です。

保存容器「パック＆レンジ」

冷凍＆フタをしたままの電子レンジ加熱がOKで、臭いも汚れもスッと落ちるガラス製、フタの溝部分が洗いやすくて水切れがいい、と、とにかく使い勝手ばつぐんの保存容器。サイズ違いで揃えています。

フライパン用ホイルシート

樹脂加工により、食材がくっつかないホイルシート。フライパンでおいしい焼き魚が作れ、油も不要、後片付けもラクちんとなると、お魚のおかずの登場回数も増えるというもの。トースターにも使えます。

紙製のランチボックス

午後から社外へ出る予定があるなど、荷物を少しでも減らしたい日には、使い捨てできるフードボックスをお弁当箱にしています。日々のお弁当のほか、持ち寄り会やお裾分けのお料理を詰めたりも。

ソース入れ、ドレッシング入れなど

タレやソース、ドレッシングなどを食べる直前にかけたほうがおいしいおかずを作ったときには、別添えで持って行ってもらいたい。液体調味料を入れる小さなボトル、いくつか常備しています。

気分も和む可愛いピック

野菜やお肉を巻いて作るおかずの剥がれ防止に、ひと口おかずに、そのままつまんで食べやすいピック。大人のお弁当には縁遠いような可愛いものをこっそりたまに登場させて、ウケを狙います（笑）。

Column 2　鍋炊きご飯のすすめ

　お鍋でご飯を炊き始めて、もうずいぶん経ちました。スタートは、「土鍋でご飯を炊いてみよう！」というイベント的な楽しみからだったのですが、いざ始めてみると手間という手間もそうかからず、思いのほか簡単、炊飯器よりも短時間で炊き上がるなど、メリットが多くて。今ではすっかりお米を洗うことの延長線上にある、当たり前の日常になりました。

　炊き立てはもちろんのこと、冷めてからも香りがよく、一粒一粒に甘みと風味が感じられるので、お弁当にも最適。また、お弁当にはできるだけ朝炊いたご飯を詰めるようにしていますが、時間がないときは冷凍ストックを使うことも。そんなとき、電子レンジで温め直しても、鍋で炊いたご飯の場合は極端に味落ちすることがないのが嬉しいところ。混ぜご飯にするならなおさら、冷凍ご飯でも全く大差なし、です。ほんの少しだけ手と心をかけて直火でご飯を炊くことの気持ちよさ、面白さが感じられ、食べるほうもおいしい鍋炊きご飯。あなたも始めてみませんか？

　ご飯は、宮崎製作所「ライスポット」、ストウブの鋳物ホーロー鍋など、いろんなお鍋で炊いています。カネフサ製陶の「ごはん土鍋」は火加減不要、お米2合につき強めの中火で12分加熱→15分蒸らせばOKという手軽さ。

鍋炊きご飯

材料（2合分）
米……2合
水……400〜440ml
（水加減は米の1.1〜1.2倍程度が目安。お好みで加減してください）

炊き方

1. 洗米する
ボウルにたっぷりの水を張って米を入れ、さっとひと混ぜしてすぐに水を捨てる（水に溶け出したぬかや汚れを米が吸わないように）。これをもう1度繰り返す。その後、お米が割れないようにやさしく手早く、3回ほど水を換えながら洗う。洗い上がりに水が濁っていてもOK。

2. 浸水させる
鍋に水気を切った米と水を入れて浸水させる[A]。

※30分〜2時間ほど浸水させるのがよいとされていますが、朝の忙しい時間にそんなに待っていられない私は、夜寝る前に洗米して水加減し、お鍋ごと冷蔵庫に置いています（土鍋の場合は鍋自体も吸水するので、ボウルなどに入れ、朝土鍋に移します）。

3. 炊く
■沸騰してから2分
まず、強めの中火にかける[B]。沸騰したら（蒸気が上がり、蓋のフチがブクブクしてくる[C]）、沸騰状態を2分ほどキープする。
※ふきこぼれるようなら火を少し弱めます。

■弱火で8〜10分
2分経ったら弱火にしてさらに8〜10分炊く[D]。

■10分蒸らす
火を止め、10分ほど蒸らす。蒸らし終わったら、鍋とご飯の間にぐるりとしゃもじを入れてから、ご飯を十字に切って、ブロックごとにさっくりと混ぜ返す[E]。

※炊飯用の鍋や土鍋には、購入時にご飯の炊き方アドバイスがついていることが多いので、そちらも参考に、ご自分なりのおいしい炊き方を探してみてくださいね。

Part 2
お弁当の
おかずバリエ

お弁当のおかずを素材別にご紹介します。
肉や魚から1品、野菜の副菜から1〜2品、卵料理から1品選べば、
自然と栄養バランスがよくて見た目にもさみしくないお弁当が完成するはず。
冷蔵庫の中身と相談しながら、味のバランスを考えてお弁当を組み立ててみて。

OKAZU 01 豚肉のおかず

pork

ポークチャップ

ちょっと懐かしいような甘めのトマトケチャップ味。
洋食弁当の日のメインおかずにどうぞ。

材料（1～2人分）
豚こま切れ肉……100g
玉ねぎ……1/4個
塩、こしょう、サラダ油……各適量
白ワイン……大さじ1/2
A│ ケチャップ……大さじ1
 │ ウスターソース……大さじ1/2
 │ しょうゆ……小さじ1/2
 │ はちみつ……小さじ1/2

作り方
1. 玉ねぎは薄切りにする。豚肉に塩、こしょうをふる。
2. フライパンにサラダ油を熱し、玉ねぎをさっと炒め、豚肉を入れる。豚肉の色が変わってきたら、白ワインをふってAを加え、とろりと焼き絡める。

豚肉の花かつお焼き

豚肉の旨みにしょうゆとかつおの風味がのった、
シンプルだけどおいしい一品。あっという間にできるのも魅力。

材料（1～2人分）
豚薄切り肉……5～6枚（100g）
塩、こしょう、ごま油……各適量
A│ 酒……大さじ1/2
 │ だししょうゆ……小さじ1
 │ しょうゆ……小さじ1
かつおぶし……1/2袋

作り方
1. 豚肉は塩、こしょうをふり、食べやすく半分に切る。
2. フライパンにごま油を熱し、豚肉を重ならないように入れる。両面をこんがりと焼いたら、Aを加えて絡め、かつおぶしをふって仕上げる。

ねぎ塩豚

タレさえ作っておけば、お肉を焼いて漬けるだけ。
逆にタレにお肉を漬け込んでおいてから焼く、という方法でも。

材料（1～2人分）
豚こま切れ肉……100g
サラダ油……適量
酒……大さじ1/2
A│ 長ねぎ……1/2本
 │ ごま油……大さじ1
 │ 鶏ガラスープ（顆粒）……小さじ1/2
 │ 塩……小さじ1/8
 │ レモン汁……小さじ1
 │ 黒こしょう……適量

作り方
1. 長ねぎはみじん切りにしてAとよく混ぜ合わせる。
2. フライパンにサラダ油を熱して豚肉を入れ、酒をふって香ばしく焼き、1と和える。

使いやすい豚肉の薄切りやこま切れ。薄切りならロース肉かやわらかそうなももを、
部位がミックスされていることの多いこま切れは、脂が適度に入っているものを選ぶようにしています。

ポークピカタ

豚肉を卵で包み、こんがり焼いたピカタ。
子どもの頃、母がよくお弁当に作ってくれたおかず。

材料（1～2人分）
豚薄切り肉……5～6枚
A｜卵……1/2個
　｜牛乳……小さじ1/2
　｜白だし……小さじ1/4
小麦粉、塩、こしょう、サラダ油
　……各適量

作り方
1. 豚肉は塩、こしょうをふって3つ折りにし、軽く押さえて形を整える。
2. 小麦粉をつけ、溶き合わせたAにくぐらせる。フライパンにサラダ油を熱して、色よく焼く。

豚肉のコチュジャンぽん酢焼き

コチュジャンとぽん酢しょうゆでよく作る韓国風のドレッシング。
その組み合わせを炒め物にも応用しました。

材料（1～2人分）
豚こま切れ肉……100g
エリンギ……1本
A｜コチュジャン……大さじ1/2
　｜ぽん酢しょうゆ……大さじ1
　｜酒……大さじ1
　｜しょうゆ……小さじ1
　｜砂糖……小さじ1/2
　｜片栗粉……小さじ1/2
サラダ油……適量

作り方
1. エリンギは長さを半分に切り、食べやすく割く。豚肉とエリンギにAをもみ込む。
2. フライパンにサラダ油を熱して1を焼く。

豚肉の梅白味噌焼き

白味噌とはちみつのまったりとした甘みに
梅干しの酸味が溶け込んで、しっかり味ながら品のあるおいしさに。

材料（1～2人分）
豚薄切り肉……100g
A｜白味噌……大さじ1弱
　｜梅肉……梅干し1個分
　｜酒……小さじ2
　｜はちみつ……小さじ1
　｜白だし……小さじ1/2
サラダ油……適量

作り方
1. 豚肉は食べやすく半分に切る。
2. フライパンにサラダ油を熱し、1を重ならないように入れる。両面を色よく焼いたら混ぜ合わせたAを加えて絡めながら焼く（焦げ過ぎないように注意）。

OKAZU 02 牛肉のおかず

beef

牛肉とピーマンのハニーオイスターソース炒め

旨みとコクの強いオイスターソース。味の主役に、隠し味にと、1本あれば重宝。我が家では欠かせないアイテム。

材料（1～2人分）
- 牛こま切れ肉……100g
- ピーマン……1個
- 玉ねぎ……1/8個
- A
  - オイスターソース……大さじ1/2
  - はちみつ……大さじ1/2
  - しょうゆ……小さじ2
  - 酒……大さじ1
  - 片栗粉……小さじ1/2
  - 黒こしょう……適量
- サラダ油……適量

作り方
1. 牛肉にAをもみ込む。ピーマンは細切り、玉ねぎは薄切りにする。
2. フライパンにサラダ油を熱し、ピーマンと玉ねぎを入れて香ばしく炒める。
3. 玉ねぎがすき通ってきたら牛肉を加えて炒め合わせる。

牛肉のしょうが焼き

豚肉でおなじみのしょうが焼きを牛肉でも。片栗粉のおかげでお肉が硬くなりません。しょうがの量はお好みで加減を。

材料（1～2人分）
- 牛薄切り肉……100g
- 玉ねぎ……1/8個
- A
  - 酒……小さじ2
  - しょうゆ……小さじ2
  - 砂糖……小さじ1
  - 片栗粉……小さじ1/2
  - しょうがのすりおろし……小さじ2
- サラダ油……適量

作り方
1. 牛肉は食べやすい大きさに切り、Aをもみ込む。玉ねぎは薄切りにする。
2. フライパンにサラダ油を熱し、玉ねぎを入れて炒める。色づいてきたら、牛肉を加えて炒め合わせる。

サルティンボッカ風

本来は生ハムとセージで作るローマのお料理。手近な薄切りハムと大葉で日本のおうち弁当版にアレンジ。

材料（1～2人分）
- 牛薄切り肉……4枚
- 薄切りハム……2枚
- 大葉……4枚
- 白ワイン……大さじ1/2
- 塩、こしょう、小麦粉、オリーブオイル……各適量

作り方
1. 薄切りハムは半分に切る。牛肉の片面に塩、こしょうをふって返し、薄切りハムと大葉を1枚ずつのせる。3～4つに折りたたみ、軽く押さえて形作り、小麦粉をまぶしつける。同様に計4個作る。
2. フライパンにオリーブオイルを熱し、1の牛肉を入れて両面を焼く。こんがりと焼き色がついたら白ワインをふってフタをし、蒸し焼きにする。

さっと焼いたり炒めたり、薬味や野菜などを巻いたり。
すぐに火が通る牛肉の薄切りやこま切れも、ちゃちゃっと仕上げたいお弁当おかずの優秀素材です。

牛肉の焼きしゃぶマリネ

さっと焼いた牛肉と玉ねぎにスイートチリソース風味のタレを合わせた
アジアンテイストなマリネ。前日から作り置いてもいい。

材料（1〜2人分）
牛こま切れ肉……100g
アスパラガス……2本
A｜スイートチリソース……大さじ1と1/2
　｜しょうゆ……小さじ1
　｜レモン汁……大さじ1/2
ごま油……適量

作り方
1. アスパラガスは根元の硬い部分を切り落として食べやすい長さに斜め切りする。Aをボウルに合わせておく。
2. フライパンにごま油を熱し、牛肉とアスパラガスを入れる。香ばしく焼けたら、Aを合わせたボウルに入れてなじませる。

牛肉と大根の韓国風炒め

豆板醤の辛み、濃いめの味がじゅわっとしみて、
おつまみにもなりそうな一品。薄切り肉で作ってもおいしい。

材料（1〜2人分）
牛焼き肉用……100g
大根……約2cm
A｜しょうゆ……大さじ1/2
　｜砂糖……大さじ1/2
　｜酒……大さじ1/2
　｜オイスターソース……大さじ1/2
　｜豆板醤……小さじ1/4
　｜片栗粉……小さじ1/4
白すりごま……大さじ1
ごま油……適量

作り方
1. 牛肉は食べやすい幅に切り、Aをもみ込む。大根は約5mm角の棒状に切る。
2. フライパンにごま油を熱し、大根を入れてさっと炒める。牛肉を加えて炒め合わせ、仕上げに白ごまを加えて混ぜる。

牛肉とセロリのカキしょうゆ炒め

カキのエキスがたっぷりブレンドされただしつゆで炒め、
ご飯にぴったりなおかずになりました。

材料（1〜2人分）
牛焼き肉用……100g
セロリ……1/4本
A｜酒……大さじ1/2
　｜カキしょうゆ（p.69）……大さじ1強
　｜片栗粉……小さじ1/2
こしょう、サラダ油……各適量

作り方
1. 牛肉は約1cm幅に切り、Aをもみ込む。セロリは斜め薄切りにする。
2. フライパンにサラダ油を熱し、牛肉を入れて炒める。色が変わってきたらセロリを加えて炒め合わせ、こしょうをふって仕上げる。

Part 2　お弁当のおかずバリエ　53

OKAZU 03 鶏肉のおかず

chicken

鶏胸肉の唐揚げ

パサつきがちな鶏胸肉も、このレシピなら軽くやわらかくできます。
そのまま食べても、ほかのおかずにアレンジ（次ページ参照）しても。

材料（1〜2人分）
鶏胸肉……1/2枚（150g）
A
　酒……大さじ1/2
　しょうゆ……小さじ1/2
　マヨネーズ……小さじ2
　はちみつ……小さじ1/2
　塩……小さじ1/4
　こしょう……少々
片栗粉、揚げ油……各適量

作り方
1. 鶏胸肉は全体をフォークでつつき、やや小さめに食べやすく切る。Aをもみ込んで5〜10分おく。片栗粉をまぶしつける。
2. 揚げ油を中温（170℃）に熱し、色よく揚げる。

鶏胸肉のバジルマヨネーズ焼き

鶏胸肉にマヨネーズがじんわりとしみ込んで、すんなりお箸が入ります。
バジルの量はお好みで加減を。

材料（1〜2人分）
鶏胸肉……100g
A
　マヨネーズ……大さじ1
　白ワイン……大さじ1/2
　ドライバジル……小さじ1/3
塩、こしょう、オリーブオイル
　……各適量

作り方
1. 鶏胸肉は食べやすい大きさにそぎ切りし、軽く塩、こしょうをふる。ボウルかビニール袋にAを合わせて鶏胸肉を入れ、冷蔵庫に一晩おく。
2. フライパンにオリーブオイルを熱し、鶏胸肉をこんがりと焼く。
※鶏肉は、常温に戻してから焼くのが理想的。朝起きたらまず、冷蔵庫から出しておきましょう。

鶏肉のカレークリーム煮

以前どこかで食べた、カレー風味のホワイトソースで作ったチキンドリア。
その味をヒントにできた一品です。

材料（1〜2人分）
鶏もも肉……1/2枚
しょうが……1/2かけ
白ワイン……大さじ1
A
　だししょうゆ……小さじ1/2
　カレー粉……小さじ1/2
　しょうゆ……小さじ1/2
　砂糖……ひとつまみ
生クリーム……大さじ1
塩、こしょう、オリーブオイル
　……各適量

作り方
1. 鶏もも肉は余分な脂を除いて食べやすい大きさに切り、軽く塩、こしょうをふる。しょうがはせん切りにする。
2. フライパンにオリーブオイルを熱し、鶏肉を皮目から焼く。焼き色がついたらひっくり返して白ワインをふり、しょうがとAを加え、フタをして3分ほど蒸し焼きにする。仕上げに生クリームを加え、全体になじませる。

冷めてもおいしくいただける鶏肉は、お弁当用のレパートリーをどんどん増やしたいもの。
ここでは、お弁当に使いやすい胸肉ともも肉のレシピを中心にご紹介します。

鶏チリ

鶏胸肉の唐揚げ（前ページ参照）を使った簡単なアレンジ例。
長ねぎのかわりに玉ねぎでもいいし、野菜を足してボリュームアップしても。

材料（1〜2人分）

鶏胸肉の唐揚げ（左記参照）……全量
長ねぎ……1/4本
A
  ┃トマトケチャップ……大さじ2〜3
  ┃しょうゆ……小さじ1/2
  ┃酢……大さじ1
  ┃砂糖……大さじ1
  ┃酒……大さじ1
  ┃鶏ガラスープ（顆粒）……小さじ1/4
  ┃豆板醤……小さじ1/4
サラダ油……適量

作り方

1. 長ねぎはみじん切りにする。
2. フライパンにサラダ油を熱し、長ねぎを香りよく炒める。合わせたAを加え、鶏胸肉の唐揚げも加えて、全体に絡める。

タンドリーチキン風

だしとしょうゆでほんのり和風。ヨーグルトの入った漬けダレのおかげで
しっとりやわらかく焼き上がります。

材料（1〜2人分）

鶏もも肉……1/2枚
A
  ┃トマトケチャップ……大さじ1
  ┃プレーンヨーグルト……大さじ1
  ┃だししょうゆ……小さじ1
  ┃しょうゆ……小さじ1/2
  ┃カレー粉……小さじ1/4
  ┃砂糖……ひとつまみ
塩、こしょう、サラダ油……各適量

作り方

1. 鶏もも肉は余分な脂を除いて食べやすい大きさに切り、軽く塩、こしょうをふる。ボウルかビニール袋にAを合わせて鶏肉を入れ、冷蔵庫に一晩おく。
2. フライパンにサラダ油を熱し、鶏肉を皮目から焼く。焼き色がついたらひっくり返し、フタをして蒸し焼きにする。
※鶏肉は、常温に戻してから焼くのが理想的。朝起きたらまず、冷蔵庫から出しておきましょう。

鶏ときのこの味噌煮

しめじでもしいたけでも、きのこ類なら何でも合います。
のっけ弁当の具にしてもいい、こってり味噌煮です。

材料（1〜2人分）

鶏もも肉……1/2枚
えのきだけ……1/4袋
A
  ┃赤味噌……小さじ2
  ┃コチュジャン……小さじ1
  ┃しょうゆ……小さじ1
  ┃砂糖……大さじ1/2
  ┃水……大さじ1/2
酒……大さじ1
白ごま……小さじ1
サラダ油、万能ねぎ……各適量

作り方

1. 鶏もも肉は余分な脂を除き、食べやすい大きさに切る。えのきだけは石づきを落とし、長さを半分に切る。
2. フライパンにサラダ油を熱し、鶏肉を皮目から焼く。焼き色がついたらひっくり返して酒をふり、えのきだけを加え、さっと炒め合わせる。Aを加え、フタをして5分ほど火を通し、フタを外して水分が少なくなるまで煮絡める。仕上げに白ごまを加えて混ぜ、彩りに万能ねぎを散らす。

OKAZU 04 だし巻き卵バリエ

dashimaki

薄切りハムのだし巻き

やわらかでしなやかな薄切りハムだから、卵液で巻き込むのも簡単。
渦巻き模様を上手に作ってくれます。

材料（1人分）
卵……1個
A ┃ 牛乳……小さじ1/2
　 ┃ 白だし……小さじ1/2
　 ┃ しょうゆ……少々
薄切りハム……2枚
サラダ油……適量

作り方
1. 小さなボウルに卵をほぐし、Aを加えて混ぜる。
2. 卵焼き器を熱してサラダ油をひき、1の半量を流し入れる。卵焼き器を回すように動かして広げ、薄切りハムをのせて、手前から奥へ巻き上げる。巻き終わったら手前に寄せ、卵焼き器の空いたところにサラダ油を薄くひき、残りの1を流し入れて薄切りハムをのせ、同様に巻いて焼き上げる。

鮭フレークと大葉のだし巻き

大葉の風味が爽やかです。鮭フレークでボリュームが出るので、ちょっと食べ応えのあるおかずにしたいときに。

材料（1人分）
卵……1個
A ┃ 牛乳……小さじ1/2
　 ┃ 白だし……小さじ1/2
　 ┃ しょうゆ……少々
大葉……2枚
鮭フレーク……大さじ1
サラダ油……適量

作り方
1. 小さなボウルに卵をほぐし、A、みじん切りにした大葉、鮭フレークを加えて混ぜる。
2. 卵焼き器を熱してサラダ油をひき、1の半量を流し入れる。卵焼き器を回すように動かして広げ、手前から奥へ巻き上げる。巻き終わったら手前に寄せ、卵焼き器の空いたところにサラダ油を薄くひき、残りの1を流し入れて同様に巻いて焼き上げる。

ブラックオリーブとアンチョビのだし巻き

おかずの内容を洋風にまとめたときは、
イタリアンテイストなこんなだし巻きも楽しいです。

材料（1人分）
卵……1個
A ┃ 牛乳……小さじ1/2
　 ┃ 白だし……小さじ1/4
　 ┃ アンチョビペースト……小さじ1/4
ブラックオリーブ（種抜き）……2粒
サラダ油……適量

作り方
1. 小さなボウルに卵をほぐし、A、細かく刻んだブラックオリーブを加えて混ぜる。
2. 卵焼き器を熱してサラダ油をひき、1の半量を流し入れる。卵焼き器を回すように動かして広げ、手前から奥へ巻き上げる。巻き終わったら手前に寄せ、卵焼き器の空いたところにサラダ油を薄くひき、残りの1を流し入れて同様に巻いて焼き上げる。

卵料理はお弁当おかずの常連さん。中でも、だし巻き卵は詰めやすく、バリエーションも簡単に楽しめる調理法。
混ぜ込んだり、巻き込んだり、あらゆる具材を自由な発想で。
※卵焼き器がない場合は小さなフライパンで作っても。フライパンの手前半分くらいのスペースを使い、同じようにして焼いて。

青海苔と桜えびのだし巻き

桜えびの香ばしさ、青海苔の香りにお箸が進みます。
ほかにも常備している乾物があれば、いろいろ試してみて。

材料(1人分)
卵……1個
A │ 牛乳……小さじ1/2
　│ 白だし……小さじ1/2
　│ しょうゆ……少々
青海苔……小さじ1
桜えび……大さじ1/2
サラダ油……適量

作り方
1. 小さなボウルに卵をほぐし、A、青海苔、桜えびを加えて混ぜる。
2. 卵焼き器を熱してサラダ油をひき、1の半量を流し入れる。卵焼き器を回すように動かして広げ、手前から奥へ巻き上げる。巻き終わったら手前に寄せ、卵焼き器の空いたところにサラダ油を薄くひき、残りの1を流し入れて同様に巻いて焼き上げる。

牛肉のしぐれ煮入りだし巻き

まろやかな卵に甘辛い牛肉、大好きな組み合わせです。
常備菜の牛肉のしぐれ煮(p.98)のアレンジとしてぜひ。

材料(1人分)
卵……1個
A │ 牛乳……小さじ1/2
　│ 白だし……小さじ1/2
　│ しょうゆ……少々
牛肉のしぐれ煮(p.98参照)……適量
サラダ油……適量

作り方
1. 小さなボウルに卵をほぐし、Aを加えて混ぜる。
2. 卵焼き器を熱してサラダ油をひき、1の半量を流し入れる。卵焼き器を回すように動かして広げ、牛肉のしぐれ煮を手前寄り一列にのせ、手前から奥へ巻き上げる。巻き終わったら手前に寄せ、卵焼き器の空いたところにサラダ油を薄くひき、残りの1を流し入れて同様に巻いて焼き上げる。

ナンプラー風味のだし巻き

しょうゆのかわりに少量のナンプラーを使うと、ひと味違った風味に。
いつものだし巻きに変化を持たせたいときにどうぞ。

材料(1人分)
卵……1個
A │ 牛乳……小さじ1/2
　│ 白だし……少々
　│ ナンプラー……小さじ1/4
サラダ油……適量

作り方
1. 小さなボウルに卵をほぐし、Aを加えて混ぜる。
2. 卵焼き器を熱してサラダ油をひき、1の半量を流し入れる。卵焼き器を回すように動かして広げ、手前から奥へ巻き上げる。巻き終わったら手前に寄せ、卵焼き器の空いたところにサラダ油を薄くひき、残りの1を流し入れて同様に巻いて焼き上げる。

OKAZU 05 ひき肉のおかず

ground meat

照り焼きつくね

ミートボールかな?と思いきや、ひと口食べると照り焼き味の和風つくね。
ピックや爪楊枝を刺して詰めてもいいですね。

材料（10個分）

- 豚ひき肉……100g
- A
  - 万能ねぎのみじん切り……大さじ2
  - しょうがのすりおろし……小さじ1/4
  - 卵……1/4個分
  - 片栗粉……小さじ2
  - しょうゆ……大さじ1
- B
  - みりん……大さじ1/2
  - 砂糖……大さじ1/2
  - 酒……大さじ1
- サラダ油……適量

作り方

1. ボウルに A を入れてよく練り混ぜ、10等分して丸める。
2. フライパンにサラダ油を熱して1を入れ、転がしながら表面を焼く。焼き色がついたら、フタをして2〜3分蒸し焼きにし、B を加えて照りよく煮絡める。

※フードプロセッサーがあれば活用を。A を入れてガーッと回せばタネ作り完了です。

れんこんのはさみ焼き

ジューシーなひき肉を、サクサク食感のれんこんではさんで揚げ焼きに。
お弁当のおかずには外せない一品。塩やぽん酢しょうゆを添えて。

材料（5〜6個分）

- れんこん……3〜4cm
- A
  - 豚ひき肉……80g
  - 長ねぎのみじん切り……大さじ1
  - 酒……小さじ1/2
  - しょうゆ……小さじ1/2
- 片栗粉、サラダ油……各適量

作り方

1. れんこんは3〜4mm厚さにスライスし、水にさらす。ボウルに A を入れてよく練り混ぜる。
2. れんこんの水気を切ってキッチンペーパーで拭き、両面に片栗粉をまぶしつける。2枚一組にして間にタネをはさみ、フライパンに多めの?サラダ油を熱してこんがりと揚げ焼きにする。

※フードプロセッサーがあれば活用を。A を入れてガーッと回せばタネ作り完了です。

ミンチカツ

キャベツを混ぜてタネを軽くするヘルシーな作り方が我が家の定番。
ソースやぽん酢しょうゆなどを添えてどうぞ。

材料（5〜6個分）

- A
  - 合びき肉……100g
  - キャベツ……1/2枚
  - 玉ねぎのみじん切り……大さじ2
  - 卵……1/4個分
  - パン粉……大さじ1
  - 塩、こしょう……各適量
- 小麦粉、溶き卵、パン粉、サラダ油……各適量

作り方

1. キャベツはみじん切りにする。ボウルに A を入れてよく練り混ぜ、5〜6等分してやや平らな円形に形作り、小麦粉、溶き卵、パン粉を順につける。
2. フライパンに多めのサラダ油を熱し、こんがりと揚げ焼きにする。

※フードプロセッサーがあれば活用を。A を入れてガーッと回せばタネ作り完了です。

何より安価で、自由に形を変えられるのが魅力。薄切りやかたまり肉が半端に残ったときに、
包丁で叩くかフードプロセッサーにかけて、ひき肉の小さなおかずに変身させることもあります。

ごま焼きつくね

表面にたっぷりとまぶしたごまが香ばしい。黒ごまをブレンドしたり、
黒ごまだけにしたりすると、見た目に変化がつきます。

材料（5〜6個分）

A
- 鶏ひき肉……100g
- 長ねぎのみじん切り……大さじ1
- しょうがのすりおろし……小さじ1/4
- 片栗粉……小さじ2
- 酒……小さじ1
- しょうゆ……小さじ1

白炒りごま、サラダ油……各適量

作り方

1. ボウルにAを入れてよく練り混ぜ、5〜6等分して丸め、全面に白炒りごまをまぶしつける。
2. フライパンにサラダ油を熱して1を入れ、表面を焼く。焼き色がついたらひっくり返し、フタをして2〜3分蒸し焼きにする。

※フードプロセッサーがあれば活用を。Aを入れてガーッと回せばタネ作り完了です。

お豆腐バーグ

お豆腐を入れたタネだから、冷めてもちゃんとやわらかいまま。
バターしょうゆ、照り焼き味などでどうぞ。

材料（5〜6個分）

A
- 合びき肉……80g
- 長ねぎのみじん切り……大さじ2
- 塩、こしょう……各適量

木綿豆腐……30g
パン粉……1/4カップ
サラダ油……適量

作り方

1. ボウルに豆腐とパン粉を入れてよく混ぜ、Aを加えてよく練り混ぜる。5〜6等分して丸め、真ん中を少しへこませる。
2. フライパンにサラダ油を熱して1を入れ、表面を焼く。焼き色がついたらひっくり返し、フタをして3分ほど蒸し焼きにする。

※フードプロセッサーがあれば活用を。まず豆腐とパン粉を入れて回し、続けてAを入れてガーッと回せばタネ作り完了です。

おからコロッケ

小さな俵形が何とも愛らしい、鶏ひき肉＋おからのコロッケ。
マヨネーズでまとめていますが塩を効かせたあっさり味です。

材料（5〜6個分）

- 鶏ひき肉……50g
- 酒……大さじ1/2
- おから……50g
- 万能ねぎのみじん切り……大さじ1

A
- 白だし……小さじ1弱
- マヨネーズ……大さじ1
- 塩、こしょう……各適量

小麦粉、溶き卵、パン粉、サラダ油……各適量

作り方

1. フライパンにサラダ油を熱して鶏ひき肉を入れ、酒をふって炒める。おからと万能ねぎを加えてさっと炒め合わせ、Aを加えて調味する。
2. 5〜6等分して小さな俵形に形作り、小麦粉、溶き卵、パン粉を順につける。
3. フライパンに多めのサラダ油を熱し、こんがりと揚げ焼きにする。

OKAZU 06 魚介のおかず fish

ブリの味噌バター焼き

味が十分に絡むようブリに粉をふるひと手間をかけて。
こっくり深い味わいの味噌とバターはご飯を一層おいしくします。

材料（1人分）
ブリ（切り身）……1切れ
小麦粉……適量
バター……小さじ1
A　味噌……大さじ1弱
　　砂糖……小さじ1
　　酒……大さじ1

作り方
1. ブリはキッチンペーパーで押さえて水分を拭き取る。食べやすい大きさにそぎ切りし、小麦粉をまぶす。
2. フライパンにバターを熱し、半分ほど溶けたらブリを入れる。両面が色よく焼けたら、Aを入れて煮絡める。

※Aにしょうがのすりおろしを少し加えてもおいしいです。

サワラのごま味噌焼き

焦げやすいので注意しながら焼きますが、
ほどよい焦げ目は香ばしさと食欲を誘います。

材料（1人分）
サワラ（切り身）……1切れ
A　酒……小さじ1/2
　　しょうゆ……小さじ1/2
B　味噌……小さじ2
　　砂糖……大さじ1/2
　　みりん……小さじ1/2
　　白すりごま……小さじ1弱
白ごま……適量

作り方
1. サワラはキッチンペーパーで押さえて水分を拭き取る。小さめのひと口大に切って、Aで下味をつけ、10分ほどおく。
2. サワラの水分を拭き取り、よく混ぜ合わせたBをのせて白ごまをふり、アルミ箔をのせた魚焼きグリルで焦げないように注意して焼く。

鮭のひと口フライ

お箸を入れたらきれいなサーモンピンクがお目見え。
ソースなしでも食べられるよう、香りの塩をしっかり効かせて。

材料（1人分）
鮭（切り身）……1切れ
ハーブソルト、小麦粉、溶き卵、パン粉、
サラダ油……各適量

作り方
1. 鮭はキッチンペーパーで押さえて水分を拭き取る。小さめのひと口大に切って、ハーブソルトをやや強めにふり、小麦粉、溶き卵、パン粉を順につける。
2. フライパンにサラダ油を多めに熱し、鮭をこんがりと揚げ焼きにする。

※サラダ油のかわりにオリーブオイルを使うと、軽く風味よく揚げ上がります。

魚を使ったお弁当は、肉をメインとしたお弁当の頻度を考えながらバランスよく登場させたいところ。
えびやホタテのおかずだけだと物足りない場合は、お肉のおかずの隣に添えて、Wメインのスペシャル弁当に。

えびの粒マスタードソテー

えびは背中に包丁を入れて焼くと火の通りが早くなり、
味もよく入ります。くるんと丸まった姿も可愛い。

材料（1人分）
えび……5尾ほど
A｜白ワイン……大さじ1/2
　｜粒マスタード……小さじ1
　｜だししょうゆ……小さじ1/2
片栗粉、塩、こしょう、オリーブオイル
　……各適量

作り方
1. えびは殻を剥き、背中に浅く切れ目を入れて、背ワタを除く。片栗粉少々をもみ込んで洗い、キッチンペーパーで水気を拭き取る。
2. フライパンにオリーブオイルを熱してえびを入れ、軽く塩、こしょうをふってさっと炒める。色が変わったらAを加えて炒めながら、全体に絡める。

ホタテのベーコン巻き

いつものベーコン巻きもローズマリーの香りでぐんとおしゃれに。
パン弁当のとき、サラダと一緒に持って行っても。

材料（1〜2人分）
ホタテ貝柱……6個
ベーコン……3枚
白ワイン……大さじ1
ローズマリー……少々
塩、こしょう、オリーブオイル
　……各適量

作り方
1. ホタテ貝柱はキッチンペーパーで押さえて水分を拭き取り、塩、こしょうをふる。ベーコンは幅を半分に切り、ホタテ貝柱にぐるりと巻きつけ、楊枝で留める。
2. フライパンにオリーブオイルを熱し、ホタテを入れる。白ワインとローズマリーをふり、こんがりと焼く。

タラの明太マヨ焼き

時間が許すなら、最初からトースターで焼いても。
その場合、より熱が伝わりやすい厚手のアルミ箔などにのせて焼きましょう。

材料（1人分）
タラ（切り身）……1切れ
塩、こしょう……各適量
酒……小さじ1
A｜明太子……小さじ1
　｜マヨネーズ……小さじ2
　｜みりん……小さじ1/4

作り方
1. タラはキッチンペーパーで押さえて水分を拭き取る。小さめのひと口大に切って、塩、こしょうをふり、耐熱皿に並べる。酒をふり、ラップをふわりとかけて、電子レンジで1〜2分加熱する。
2. Aをよく混ぜ、タラの上に適量ずつのせ、オーブントースターでこんがりと焼く。

OKAZU 07 肉巻きバリエ

meat roll

牛肉のうずら卵巻き

うずら卵を牛肉で巻いたほんの小さなおかずですが、
こんなのがちょこっと入っていると嬉しいものです。

材料（4個分）
牛薄切り肉（しゃぶしゃぶ用）
　……2枚
うずら卵（水煮）……4個
サラダ油……適量
A｜しょうゆ……小さじ1
　｜酒……小さじ2
　｜砂糖……小さじ1/2
　｜みりん……小さじ1/2

作り方
1. うずら卵に牛肉を巻きつける。
2. フライパンにサラダ油を熱し、牛肉の巻き終わりを下にして入れる。焼き色がついたら、転がしながら全面をこんがりと焼き、Aを加えて焼き絡める。

豚肉のアボカド巻きフライ

揚げ立てのとろりとしたところも美味ですが、冷めてからのアボカドフライも、結構いけます。塩かレモン汁を添えて。

材料（1～2人分）
豚薄切り肉……4枚
アボカド……小1/2個
レモン汁……小さじ1
塩、こしょう、小麦粉、溶き卵、
　パン粉、サラダ油……各適量

作り方
1. アボカドは皮と種を除き、縦4等分して、レモン汁をふる。豚肉は片面に塩、こしょうをふり、返してアボカドをのせて包むようにして巻き、小麦粉、溶き卵、パン粉を順につける。
2. フライパンに多めのサラダ油を熱し、1を入れてカラリと揚げ焼きにする。

牛肉のアスパラガス巻き

アスパラガスを長いまま芯にして、牛肉をくるくる巻きつけて。
隙間にも詰めやすいスリムな1本です。

材料（1～2人分）
牛薄切り肉……3枚
アスパラガス……3本
バター……小さじ1
塩、こしょう……各適量

作り方
1. アスパラガスは根元の硬い部分を切り落とす。牛肉は片面に塩、こしょうをふり、返してアスパラガスをのせ、くるくると巻く。
2. フライパンにバターを熱し、半分ほど溶けたら牛肉の巻き終わりを下にして入れる。焼き色がついたら、転がしながら全面をこんがりと焼く。

お肉が剥がれないよう、巻き終わりをきっちり焼き固めてから全面を焼くのがポイント。
前夜にプロセス1まで準備して冷蔵庫に入れておけば、朝は焼くだけでOK。お肉はしゃぶしゃぶ用がおすすめです。

牛肉のしそ味噌巻きカツ

大葉の渦巻き模様が切り口に出て表情豊か。
味噌を塗ってカリッと揚げた、居酒屋さんのおつまみ的一品。

材料（1〜2人分）
- 牛薄切り肉……4枚
- 大葉……4枚
- 味噌……適量
- 塩、こしょう、小麦粉、溶き卵、パン粉、サラダ油……各適量

作り方
1. 牛薄切り肉は片面に軽く塩、こしょうをふり、返して味噌を塗って大葉をのせる。くるくると巻き、小麦粉、溶き卵、パン粉を順につける。
2. フライパンに多めのサラダ油を熱し、1を入れて、こんがりカラリと揚げ焼きにする。

豚肉のえのき巻き

バルサミコ酢は火を入れると酸味が和らぎ、複雑なコクが加わります。
和風料理のお酢がわりにいろいろ使ってみると新しい発見が。

材料（1〜2人分）
- 豚薄切り肉……4枚
- えのきだけ……1/2袋
- 塩、こしょう、オリーブオイル……各適量
- A
  - バルサミコ酢……小さじ1
  - しょうゆ……小さじ2
  - 酒……小さじ1
  - 砂糖……小さじ1/2

作り方
1. 豚肉は片面に軽く塩、こしょうをふり、返してえのきだけをのせ、くるくると巻く。
2. フライパンにオリーブオイルを熱し、豚肉の巻き終わりを下にして入れる。焼き色がついたら、転がしながら全面をこんがりと焼き、Aを加えて焼き絡める。

豚肉の油揚げとねぎ巻き

豆板醤を効かせたピリリと甘辛い合わせダレで焼き上げました。
油揚げだけ、万能ねぎだけでも十分おいしいですよ。

材料（1〜2人分）
- 豚薄切り肉……4枚
- 油揚げ……1/2枚
- 万能ねぎ……2〜3本
- A
  - しょうゆ……大さじ1/2
  - 酒……小さじ1
  - 砂糖……小さじ1
  - 豆板醤……小さじ1/4
- 塩、こしょう、ごま油……各適量

作り方
1. 油揚げは長さ8cmほどの細切りに、万能ねぎも長さ8cmほどに切る。豚肉は片面に軽く塩、こしょうをふり、返して油揚げと万能ねぎを適量ずつ束ねてのせ、くるくると巻く。
2. フライパンにごま油を熱し、豚肉の巻き終わりを下にして入れる。焼き色がついたら、転がしながら全面をこんがりと焼き、Aを加えて焼き絡める。

Part 2 お弁当のおかずバリエ

OKAZU 08 ちくわのおかず

chikuwa

火を入れても入れなくても使える練りもの。
単品でも食べ応えがあり、どんな食材とも合い、おまけにリーズナブル。賢い素材です。

チーズ入りちくわの黒こしょう衣揚げ

磯辺揚げの青海苔のかわりに、黒こしょうの変わり衣で揚げました。
ゆかり、粉山椒、ごまなどでもおいしい。チーズはお好みで。

材料（1～2人分）
- ちくわ……2本
- スティックチーズ……2本
- A
  - 小麦粉……大さじ2
  - 冷水……大さじ1と1/2～2
  - 黒こしょう……適量
- サラダ油……適量

作り方
1. ちくわにスティックチーズを詰め、ひと口大に切る。Aをさっくりと合わせてとろりと絡めやすい状態の衣を作り、ちくわをくぐらせる。
2. 小鍋かフライパンにサラダ油を熱し、チーズが溶け出さないよう注意しながらやや高めの中温（約180℃）でこんがりと揚げる。

ちくわとキャベツのコールスロー

キャベツやもやしにちくわを合わせたサラダや酢の物は、
母が昔よく作ってくれた、なじみ深いおかずです。

材料（1～2人分）
- ちくわ……1/2本
- キャベツ……2～3枚
- 塩……小さじ1/4
- A
  - 酢……小さじ1
  - 砂糖……小さじ1/4
  - サラダ油……小さじ1
- 塩、こしょう……各適量

作り方
1. ちくわは小口切りにする。キャベツは粗めのせん切りにして塩をなじませ、10分ほどおく。
2. ボウルにAを合わせ、キャベツの水分をぎゅっと絞って入れ、ちくわも加えて混ぜる。塩、こしょうで調味する。

ちくわの甘辛煮

甘辛く煮含めたちくわはホッとする懐かしい味。
甘さ強めのレシピですが、「うまかった!」とよくほめてもらえます。

材料（1～2人分）
- ちくわ……2本
- A
  - しょうゆ……小さじ1
  - 砂糖……小さじ1
  - 酒……大さじ1/2
  - みりん……大さじ1/2
  - 水……大さじ1/2

作り方
1. ちくわは斜めに食べやすく切る。
2. 小鍋にAを入れて中火にかける。ひと煮立ちしたらちくわを加え、照りよく煮絡める。

OKAZU 09 カニかまのおかず

kanikama

ちくわと並んで使い勝手がよく、元気な赤色がお弁当を明るくしてくれます。
フレーク状のカニかまではなく、棒状のものを使いました。

カニかまの海苔チーズ巻き

カニかまとチーズを合わせ、ただ海苔で巻いただけ。
肩の力が抜けた即席おつまみみたいなおかずも結構喜ばれます。

材料（1〜2人分）
カニかま……4本
スティックチーズ……2本
味付け海苔……4枚

作り方
1. スティックチーズは厚みを半分に切る。カニかまと合わせて味付け海苔でくるりと巻く。

※プロセスチーズを使う場合、長さをカニかまに合わせ、巻きやすい太さに切ればOKです。

カニかまのマカロニサラダ

和風な合わせ調味料で、細く切ったにんじん、マカロニと和えました。
お弁当には早茹でタイプのマカロニが便利です。

材料（1〜2人分）
カニかま……2本
にんじん……1cm
マカロニ……20g
A しょうゆ……小さじ1/2
　酢……小さじ1/2
　だししょうゆ……小さじ1/2
　砂糖……ひとつまみ
　ごま油……小さじ1/2

作り方
1. カニかまは食べやすくほぐす。にんじんはせん切りにする。鍋に湯を沸かし、塩少々を入れて、にんじんとマカロニを茹でる。
2. ボウルにAを合わせ、茹でたマカロニとにんじん、カニかまを入れて和える。

カニかまのパン粉焼き

マヨネーズでコーティングし、パン粉をつけてトースターで焼くと、
油を使わずしてフライに似た味わいに。

材料（1〜2人分）
カニかま……4本
A マヨネーズ……小さじ2
　練り辛子……小さじ1/4
パン粉……適量

作り方
1. Aをよく混ぜ、カニかまの全面に塗って、パン粉をまぶしつける。
2. アルミ箔か耐熱皿に並べ、オーブントースターでこんがりと焼く。

Part 2 お弁当のおかずバリエ

OKAZU 10 いんげんやアスパラガスのおかず

asparagus
kidney beans

和え物、炒め物、揚げ物など、どんな調理法にもマッチするいんげんやアスパラガスは、お弁当の彩りに欠かせない存在。きぬさややスナップえんどうでも作ってみて。

いんげんのピーナッツバター和え

甘さ控えめのピーナッツバターを使ったコクのある和え物。
無糖のものを使うなら、砂糖の量を少し増やして。

材料（1～2人分）
いんげん……50g
A ┃ ピーナッツバター……小さじ1
　 ┃ だししょうゆ……小さじ1
　 ┃ 砂糖……小さじ1/4

作り方
1. いんげんは長さを3～4等分に切り、水にさっと通し、水がついたまま耐熱ボウルに入れる。ラップをふわりとかけ、電子レンジで1分～1分30秒ほど加熱して水気を切り、よく混ぜたAと和える。

アスパラガスのハーブフリット

ハーブソルトがなければ好みのドライハーブ+塩+こしょうを衣に混ぜて。
シンプルに塩でも、まったりとマヨネーズで食べても。

材料（1人分）
アスパラガス……2本
A ┃ 小麦粉……大さじ1
　 ┃ 粉チーズ……小さじ1/2
　 ┃ 卵……1/4個分
　 ┃ ハーブソルト……適量
サラダ油……適量

作り方
1. アスパラガスは根元の硬い部分を切り落とし、食べやすい長さに切る。Aをざっくりと混ぜて衣を作る。
2. 小鍋かフライパンに多めのサラダ油を熱し、アスパラガスを衣にくぐらせて、こんがりと揚げ焼きにする。

焼きいんげんのゆずしょうゆ漬け

だししょうゆを水でのばしただけの漬けダレも、
ゆずが少し入ることでぐっと上品な印象に。すだちでもどうぞ。

材料（1～2人分）
いんげん……50g
サラダ油……適量
A ┃ だししょうゆ……大さじ1/2
　 ┃ 水……小さじ1
　 ┃ ゆずの搾り汁……少々
　 ┃ ゆずの皮……少々

作り方
1. ゆずの皮は細切りにする。いんげんは食べやすい長さに切る。フライパンにサラダ油を熱し、いんげんを香ばしく焼く。
2. ボウルにAを合わせ、焼いたいんげんを漬けてしばらくおき、味をなじませる。

OKAZU 11 ブロッコリーのおかず

broccoli

ブロッコリーの加熱法は、あるときに横着して発見した、縦半分に切ってから電子レンジにかける方法が定番に。
火の通りも味も問題なく、ラクにできます。

ブロッコリーのごま和え

葉物は加熱するとカサが減って小さくなりますが、
ブロッコリーを使えばボリュームのあるごま和えが作れます。

材料（1～2人分）
ブロッコリー……1/2株（縦に2等分）
A
- だししょうゆ……大さじ1/2
- しょうゆ……小さじ1/4
- 砂糖……小さじ1/4
- 水……小さじ1
- 白すりごま……大さじ1/2

作り方
1. ブロッコリーは水にさっと通し、水がついたまま耐熱皿にのせる。ラップをふわりとかけ、電子レンジで1分30秒～2分加熱する。
2. ボウルにAを合わせ、ブロッコリーを食べやすく切って加え、和える。

ブロッコリーのマスタードしょうゆ和え

マスタード控えめが好きな主人に合わせた、マイルドな味わい。
食べる人の好みに合わせて、マスタードをもう少し効かせても。

材料（1～2人分）
ブロッコリー……1/2株（縦に2等分）
A
- 粒マスタード……小さじ1
- しょうゆ……大さじ1/2
- みりん……小さじ1/2

作り方
1. ブロッコリーは水にさっと通し、水がついたまま耐熱皿にのせる。ラップをふわりとかけ、電子レンジで1分30秒～2分加熱する。
2. ボウルにAを合わせ、ブロッコリーを食べやすく切って加え、和える。

ブロッコリーの天ぷら

天ぷらにすると、ほっくり甘くなるブロッコリー。
衣が余ったら手近にある野菜を揚げて、一緒に詰めましょう。

材料（1～2人分）
ブロッコリー……1/3株
A
- 小麦粉……大さじ2
- 片栗粉……大さじ1/2
- 冷水……大さじ3
サラダ油、塩……各適量

作り方
1. ブロッコリーは食べやすい大きさに切る。Aをさっくりと混ぜて衣を作る。
2. 小鍋にサラダ油を熱し、ブロッコリーを衣にくぐらせて、中温（約170℃）でカラリと揚げる。塩をふって仕上げる。
※仕上げの塩は、カレー粉や抹茶などで風味をつけたものにしても楽しいです。

Part 2 お弁当のおかずバリエ

OKAZU 12 青菜のおかず greens

アクの少ない小松菜、水菜、サラダほうれん草などは、そのまま炒められるのが嬉しい。
下茹で要らずの青菜は、時間のない朝のお弁当作りにぴったりです。

小松菜のごまクリーム和え

練りごまとマヨネーズを使ったクリーミーな和え物。
ごぼうやれんこんなどの根菜類にも合う合わせ調味料です。

材料（1〜2人分）
小松菜……1株
A
- 白練りごま……大さじ1/2
- マヨネーズ……小さじ1
- 酢……小さじ1
- しょうゆ……小さじ1
- 砂糖……小さじ1/2

作り方
1．小松菜は4〜5cm長さに切ってから洗い、水がついたまま耐熱ボウルに入れる。ラップをふわりとかけ、電子レンジで1分30秒ほど加熱し、水を張ったボウルにあける。
2．ボウルにAを合わせ、水分を絞った小松菜を加え、和える。

小松菜とちくわの辛子酢味噌和え

ホタルイカに欠かせない辛子酢味噌。野菜なら
ねぎのぬたが最初に浮かびますが、小松菜やもやしでも。

材料（1〜2人分）
小松菜……1株
ちくわ……1/2本
A
- 味噌……小さじ2
- 酢……小さじ1
- 砂糖……小さじ1
- しょうゆ……小さじ1/4
- 練り辛子……小さじ1/4

作り方
1．小松菜は3〜4cm長さに切ってから洗い、水がついたまま耐熱ボウルに入れる。ラップをふわりとかけ、電子レンジで1分30秒ほど加熱し、水を張ったボウルにあける。
2．ボウルにAを合わせ、水分を絞った小松菜と薄切りにしたちくわを加え、和える。

水菜のなめたけわさび和え

和え衣として、調味料的に使えて便利ななめたけ。
少量のわさびを加えれば、大人向けの和え物に。

材料（1〜2人分）
水菜……1株
A
- なめたけ……大さじ1
- しょうゆ……小さじ1/2
- 練りわさび……小さじ1/4

作り方
1．水菜は4〜5cm長さに切ってから洗い、水がついたまま耐熱ボウルに入れる。ラップをふわりとかけ、電子レンジで1分30秒ほど加熱し、水を張ったボウルにあける。
2．ボウルにAを合わせ、水分を絞った水菜を加え、和える。
※水菜はザルなどにのせ、熱湯を回しかけたあとに絞って使ってもOKです。

OKAZU 13 ピーマンのおかず

green pepper

大人弁当には歓迎される、苦みのある野菜たち。
もしピーマンの苦みが苦手なら、繊維を壊さないよう縦に切るようにすると和らぎます。

ピーマンのゆかり和え

火を使わずにパパッと作れてしまうこんな一品があると、
おかずをプラスしようかな、なんて余裕も生まれます。

材料（1〜2人分）
ピーマン……1個
塩……少々
A ゆかり……適量
　サラダ油……小さじ1/2

作り方
1. ピーマンは細切りにして塩をもみ込み、5〜10分ほどおく。さっと洗って水気を絞り、Aと和える。

ピーマンのじゃこ炒め

よくあるじゃこ炒めですが、オリーブオイルを使うと気分も変わります。
お好みで鷹の爪でピリッとさせても。

材料（2人分）
ピーマン……1個
ちりめんじゃこ……大さじ1
酒……小さじ1
塩、こしょう、オリーブオイル
　……各適量

作り方
1. ピーマンは細切りにする。フライパンにオリーブオイルを熱し、ピーマンとちりめんじゃこを入れ、さっと炒め合わせる。油が回ったら、酒をふって炒め、塩、こしょうで調味する。

ピーマンのカキしょうゆ炒め

ひとつの野菜で作る炒めものは、カキしょうゆのコクでグレードアップ。
お肉を合わせるとボリュームのある主菜に。

材料（1〜2人分）
ピーマン……1個
カキしょうゆ……小さじ1
バター……小さじ1/2

作り方
1. ピーマンは食べやすく小さめに切る。
2. フライパンにバターを熱し、半分ほど溶けたら1を入れてさっと炒める。油が回ったら、カキしょうゆを加えてこっくりと炒める。

カキの旨みたっぷりのだしつゆ。いつものレシピのしょうゆと置きかえて炒め物や和え物を作ると風味がアップします。

Part 2　お弁当のおかずバリエ

OKAZU 14 もやしのおかず

bean sprouts

電子レンジで加熱ができ、意外なほどにシャッキリ感が残って独特の食感も損なわれないもやし。
さっぱりいただけて、さっさと作りたい副菜に重宝します。

もやしのカレーナムル

にんにくを使わなくてもごま油とカレーの風味でもりもり食べられます。
カレー粉の量はお好みに合わせて加減してください。

材料（1～2人分）
- もやし……1/2袋
- A
  - 酒……小さじ1/2
  - 塩……少々
- B
  - カレー粉……小さじ1/4
  - だししょうゆ……小さじ1/4
- ごま油……少々

作り方
1. もやしは洗って水気を切り、耐熱ボウルにAと共に入れる。ラップをふわりとかけ、電子レンジで1分～1分30秒ほど加熱する。
2. 水分を切ってボウルに入れ、Bを加えて和える。

もやしのオイスターソース炒め

炒め物の素材としても欠かせないもやし。
レシピの酒を紹興酒にかえると、さらに香りよく仕上がります。

材料（1～2人分）
- もやし……1/2袋
- A
  - オイスターソース……小さじ2
  - 酒……小さじ1/2
  - しょうゆ……小さじ1/2
  - 片栗粉……ひとつまみ
- こしょう、サラダ油……各適量

作り方
1. フライパンにサラダ油を熱し、もやしを入れてさっと炒める。油が回ったらAを加えて炒め、こしょうで調味する。

もやしの海苔ナムル

おやつにもおつまみにもなる韓国海苔は常備しておくと便利。
もやし以外にも、加熱した水菜やなすと和えてもおいしい。

材料（1～2人分）
- もやし……1/2袋
- A
  - 酒……小さじ1/2
  - 塩……少々
- 韓国海苔……4～5枚
- ごま油……少々
- 塩……適量

作り方
1. もやしは洗って水気を切り、耐熱ボウルにAと共に入れる。ラップをふわりとかけ、電子レンジで1分～1分30秒ほど加熱する。
2. 水分を切ってボウルに入れ、小さくちぎった韓国海苔、ごま油を加えて和え、塩で調味する。

OKAZU 15 きのこのおかず

mushrooms

汚れがあれば拭くだけでOK、洗って水気を切るような手間も不要ですぐに調理できるきのこは扱いやすい優秀食材。冷蔵庫に欠かすことはありません。

しめじのレンジ蒸し

バターとぽん酢しょうゆも絶妙なカップリング。
切る、調味料をかける、レンジ加熱、と3ステップの超スピードクッキング。

材料（1人分）
しめじ……1/2袋
A｜ぽん酢しょうゆ……小さじ1
　｜しょうゆ……小さじ1/4
　｜酒、バター……各小さじ1/2

作り方
1. しめじは石づきを落として食べやすくさき、耐熱ボウルに入れる。Aを加えてラップをふわりとかけ、電子レンジで1分ほど加熱する。
2. 全体を混ぜてしばらくおき、味をなじませる。

エリンギと玉ねぎのかき揚げ

エリンギと玉ねぎから出る水分に粉を加えてまとめます。
もし粉を入れ過ぎてしまったら、水を少し足して調節して。

材料（1～2人分）
エリンギ……小1本
玉ねぎ……1/8個
しょうゆ……大さじ1/2
小麦粉……大さじ1と1/2～2
サラダ油……適量

作り方
1. エリンギは長さを2～3等分に切って食べやすく裂き、玉ねぎは薄切りにする。共にボウルに入れ、しょうゆをふってよく混ぜる。小麦粉を加えて混ぜ、まとまる程度の硬さにする。
2. フライパンにサラダ油を熱し、1を適量ずつ落として揚げ焼きにする。

えのきのピカタ

えのきに卵液を絡めてひと口サイズに焼きます。
食べるとえのきの存在感が感じられ、食感が楽しいおかずです。

材料（1人分）
えのきだけ……1/4袋
小麦粉……小さじ1
A｜卵……1/2個
　｜白だし……小さじ1/2
　｜塩、こしょう……各適量
ごま油……適量

作り方
1. えのきだけは石づきを落とし、2cm長さに切り、ボウルに入れて小麦粉をまぶす。Aを加えて混ぜる。
2. フライパンにごま油を熱し、1をスプーンですくって流し入れ、両面をこんがりと焼く。

Part 2 お弁当のおかずバリエ

OKAZU 16 パプリカのおかず

あるとないとではずいぶん違う赤い色のおかず。
一色プラスするだけで明るさと賑やかさが加わり、お弁当がおいしそうに見えてきます。

red paprika

パプリカのしょうがしょうゆ和え

すっきりとしたしょうがしょうゆの和風な味わいは、
みずみずしいパプリカの味わいにも調和します。

材料（1〜2人分）
赤パプリカ……1/2個
水、塩……各少々
A しょうがのすりおろし…小さじ1/2
　しょうゆ…小さじ1〜2

作り方
1. 赤パプリカは縦に6等分し、食べやすい長さに切って、耐熱ボウルに入れる。水と塩をふり、ラップをふわりとかけ、電子レンジで1分ほど加熱する。Aを加えて和える。

パプリカのマーマレード和え

フレッシュなにんじんサラダにマーマレードを入れるのが私の定番。
そのパプリカ版もおいしく、よく作ります。

材料（1人分）
赤パプリカ……1/4個
A マーマレード……小さじ1/2
　レモン汁……小さじ1
　オリーブオイル……小さじ1
塩、こしょう……各適量

作り方
1. 赤パプリカは細切りにする。ボウルにAを合わせ、赤パプリカを入れてよく混ぜ、塩、こしょうで調味する。

パプリカの焼きプチトマト和え

焼いて甘みを増したパプリカに、焼いて旨みを増したトマトが絡んで、
フレッシュなトマトソースで和えたように仕上がります。

材料（1〜2人分）
赤パプリカ……1/2個
プチトマト……3個
塩、こしょう、オリーブオイル
　……各適量

作り方
1. 赤パプリカは小さな乱切りに、プチトマトは半分に切る。
2. フライパンにオリーブオイルを熱し、赤パプリカとプチトマトを入れる。両面をこんがりと焼き、炒め合わせて塩、こしょうで調味する。

OKAZU 17 なすのおかず

Eggplant

あっさりとした味をつけてお口直し的な副菜に、濃いめの味を含ませてご飯の友に。
皮の深い紫も彩りのアクセントになります。

蒸しなすのわさびぽん酢

電子レンジで気軽に蒸しなすを。わさびは入れなくても構いません。
前日に作っておくと、一層味がなじみます。

材料（1人分）
なす……1本
A ┃ ぽん酢しょうゆ……大さじ1
　 ┃ 練りわさび……小さじ1/4

作り方
1. なすは皮を剥いてさっと水に通し、耐熱皿にのせる。ラップをふわりとかけ、電子レンジで2分～2分30秒ほど加熱して、そのまま冷ます。
2. Aをボウルに合わせ、なすを食べやすく手でさいて加え、和える。

なすのしょうが味噌炒め

切り方を変えると味の感じ方もまた微妙に変わるもの。
乱切り、薄切り、細切り、といろいろな切り方をお試しください。

材料（1人分）
なす……1本
しょうが……1/4
サラダ油……適量
A ┃ 味噌……小さじ2
　 ┃ 水……大さじ1/2
　 ┃ みりん……大さじ1/2
　 ┃ しょうゆ……小さじ1
　 ┃ 砂糖……小さじ1/4

作り方
1. なすは縦半分に切り、約1.5cm幅の半月切りにし、水にさらす。しょうがはせん切りにする。
2. フライパンにサラダ油を熱し、水気を拭いたなすを入れ、焼くようにして炒める。焼き色がついたら、しょうがとAを加えてさっと炒め合わせる。

なすのおかかしょうゆ和え

揚げ焼きした香ばしさも何よりの調味料。
しょうゆとかつおぶしのストレートな味つけが活きます。

材料（1～2人分）
なす……1本
ごま油……適量
しょうゆ……大さじ1/2～1
かつおぶし……1/2袋

作り方
1. なすは縦半分に切り、約1.5cm幅の半月切りにする。フライパンにごま油を熱し、なすを入れてこんがりと揚げ焼きにし、しょうゆとかつおぶしと和える。

Part 2　お弁当のおかずバリエ

OKAZU 18 大根のおかず

煮物や、生で浅漬け風にするおかずはよく見かける大根ですが、
焼いたり揚げたりしてもお弁当のよいおかずになります。

大根の竜田揚げ

晩ごはんに大根の煮物があれば、それを小さなひと口大に切り、
片栗粉をまぶして揚げる、という手も。

材料（1人分）
大根……約2cm
A ┃ しょうゆ……小さじ1/2
　┃ 酒……小さじ1/2
　┃ みりん……小さじ1/4
　┃ しょうがのすりおろし……少々
片栗粉……大さじ1/2
サラダ油……適量

作り方
1. 大根は皮を剥いて小さな乱切りにし、耐熱ボウルに入れる。Aを加えて混ぜ、ラップをふわりとかけて、電子レンジで1分ほど加熱する。
2. 1の粗熱が取れたら汁気を切ってビニール袋に入れ、片栗粉を加えて全体にまぶしつける。小鍋かフライパンにサラダ油を熱し、色よく揚げ焼きにする。

大根のじゃこきんぴら

ささっと炒め上げた大根に残るシャキシャキ感も、このきんぴらの持ち味。
じゃこは、ちりめん山椒にかえて作ることもあります。

材料（1～2人分）
大根……3cm
ちりめんじゃこ……大さじ1
サラダ油……適量
A ┃ しょうゆ……小さじ2
　┃ 酒……小さじ1
　┃ 砂糖……小さじ1

作り方
1. 大根は皮を剥き、ピーラーで薄く細長く削る。
2. フライパンにサラダ油を熱し、大根とちりめんじゃこを入れてさっと炒め合わせる。油が回ったらAを加え、水分が少なくなるまで炒め煮にする。

大根の梅香味和え

フレッシュな作り立ても、よく味がなじんだ作り置きも、
どちらも美味な梅香味和え。どこか女性らしい、品のある箸休めです。

材料（1～2人分）
大根……2cm
塩……少々
梅肉……梅干し1/2個分
大葉……1枚
A ┃ 白炒りごま……小さじ1/2
　┃ しょうがのすりおろし……小さじ1/4

作り方
1. 大根は皮を剥いて薄いいちょう切りにし、塩をふって5～10分ほどおく。大葉はみじん切りにする。
2. 大根の水分を絞り、ボウルに入れる。梅肉、大葉、Aを加えて、和える。

OKAZU 19 きゅうりのおかず

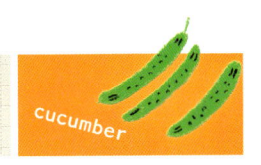

cucumber

きゅうりは生で使うときも、加熱するときも、塩で水気を出したり、
真ん中にある種をスプーンなどで除いたりしておくと、仕上がりが水っぽくなりません。

きゅうりの甘酢炒め

調味液に漬け込んで作る甘酢漬けが一般的ですが、
お弁当にはこんな風に炒めて味を入れる方法も水っぽくならずおすすめ。

材料（1〜2人分）
きゅうり……1本
A｜酢……大さじ1/2
　｜砂糖……小さじ1
　｜しょうゆ……小さじ1/4
　｜塩……ひとつまみ
ごま油、七味唐辛子……各適量

作り方
1. きゅうりは縦半分に切って種をスプーンなどで除き、乱切りにする。
2. フライパンにごま油を熱し、きゅうりを入れてさっと炒める。油が回ったらAを加え、水分が少なくなるまで炒め煮にする。好みで七味唐辛子を加える。

きゅうりのゆず昆布和え

半端に残ったきゅうりは、とりあえず塩昆布や塩＆ごま油で和えておきます。
合間調理の一品が、お弁当の箸休めに大活躍です。

材料（1人分）
きゅうり……1/4本
塩……少々
A｜塩昆布……小さじ1/2
　｜ゆずこしょう……少々
　｜みりん……少々

作り方
1. きゅうりは約3mm厚さの小口切りにし、塩をふって5〜10分ほどおく。ボウルにAを合わせておく。
2. きゅうりの水分を絞り、ボウルに入れて和える。

きゅうりのツナと紅しょうが和え

せん切りの紅しょうががスパイスがわり。
いつもの酢の物にひと工夫、プラスアルファで新鮮な一品が完成です。

材料（1人分）
きゅうり……1/2本
塩……少々
ツナ（水煮）……大さじ1/2
紅しょうが……少々
A｜酢……小さじ1/2
　｜白だし……小さじ1/2
　｜砂糖……小さじ1/2

作り方
1. きゅうりは薄い小口切りにし、塩をふって5〜10分ほどおく。ボウルにAを合わせておく。
2. きゅうりの水分を絞り、ボウルに入れる。汁気を切ったツナ、紅しょうがを加えて和える。

Part 2 お弁当のおかずバリエ

OKAZU 20 キャベツのおかず　cabbage

ササッとスピーディーに炒め物にすることが多いキャベツ。
歯応えも残り、食べ応えがあるので満足感のある一品になります。

キャベツの七味しょうゆ炒め

せん切りにしてから炒めると、どんな隙間にも詰めやすく、
主菜に添えたり敷いたりと使い勝手が広がります。

材料（1〜2人分）
キャベツ……2枚
A ｜ 鶏ガラスープ（顆粒）……ひとつまみ
　｜ 酒……小さじ1/2
　｜ しょうゆ……小さじ1
七味唐辛子、ごま油……各適量

作り方
1. キャベツはせん切りにする。
2. フライパンにごま油を熱してキャベツを入れ、さっと炒める。油が回ったら合わせたAを加え、キャベツがしんなりとするまで炒め、七味唐辛子をふって仕上げる。

キャベツとベーコンの味噌炒め

中華料理の定番、ホイコーローの豚肉をベーコンにかえて、
作り方も調味料もシンプルにしたお弁当バージョンです。

材料（1〜2人分）
キャベツ……2〜3枚
ベーコン……1枚
A ｜ 赤味噌……小さじ1
　｜ オイスターソース……小さじ1/2
　｜ しょうゆ……小さじ1/4
　｜ 砂糖……小さじ1/2
　｜ 片栗粉……ひとつまみ
こしょう、ごま油……各適量

作り方
1. キャベツは食べやすい大きさのざく切り、ベーコンは細切りにする。
2. フライパンにごま油を熱し、キャベツとベーコンを入れて、さっと炒める。油が回ったら、合わせたAを加えて炒め、こしょうをふって仕上げる。

キャベツとザーサイのチヂミ風

ザーサイの旨みと塩気がポイント。
限りなくお好み焼きに近い、チヂミ風なおつまみ的おかず。

材料（1人分）
キャベツ……1/4枚ほど
ザーサイのみじん切り……小さじ2
小麦粉……小さじ1
A ｜ 卵……1/2個分
　｜ 白だし……小さじ1/4
サラダ油……適量

作り方
1. キャベツはせん切りにしてボウルに入れ、ザーサイを加える。小麦粉をふり入れて全体にまぶし、合わせたAを加えて混ぜ合わせ、生地を作る。
2. フライパンにサラダ油を熱し、生地をスプーンですくって小さく落とし、両面をこんがりと焼く。

OKAZU 21 にんじんのおかず

冷蔵庫にいつもある常備野菜は、手を変え品を変えさまざまなおかずに変身させたいもの。
ハッピーなオレンジ色で、お弁当も一気に華やぎます。

carrot

にんじんのグラッセ

ときには甘いおかずの付け合わせが欲しくなることも。
電子レンジで作るグラッセ、やわらかくしても、芯を残してパリッと仕上げても。

材料（1人分）
にんじん……1/4本
A｜はちみつ……小さじ1/2
　｜バター……小さじ1/2
　｜塩……ひとつまみ
　｜水……小さじ1

作り方
1. にんじんは皮を剥いて薄めの輪切りにして耐熱ボウルに入れる。Aを加え、ラップをふわりとかけ、電子レンジで1分30秒〜2分にんじんがやわらかくなるまで加熱する。
※電子レンジでの加熱の途中で、2度ほど混ぜるとよいです。

にんじんの炒めナムル

ごま油と塩で調味した素朴なナムルは何度でも食べたくなる味わい。
和洋中、どんなおかずとも合わせやすく、たくさん作って常備しておくと便利。

材料（1人分）
にんじん……1/4本
ごま油……適量
塩……適量
炒りごま（黒・白）……小さじ1/2

作り方
1. にんじんはせん切りにする。
2. フライパンにごま油を熱し、にんじんを入れ、塩をふって炒める。しんなりと炒まったら、炒りごまを加え、ひと混ぜする。

揚げにんじんのマリネ

揚げるとほっくっと甘みが増すように感じられるにんじん。
大葉や梅などを加えても美味です。

材料（1人分）
にんじん……1/4本
A｜だししょうゆ……小さじ1
　｜酢……小さじ1
　｜しょうゆ……小さじ1/2
　｜砂糖……小さじ1/2
　｜こしょう……少々
サラダ油……適量

作り方
1. にんじんは3〜4cm長さの棒状に切る。Aをボウルに合わせておく。
2. 小鍋かフライパンに多めのサラダ油を熱し、にんじんをこんがりと揚げ焼きにする。Aのボウルに入れてしばらくおき、味をなじませる。

Part 2 お弁当のおかずバリエ 77

OKAZU 22 じゃがいものおかず

potato

小さなおかずもボリュームのあるおかずも両方得意なじゃがいも。
コロッケや肉じゃがのように、合わせる素材によってはメインにもなる頼れる野菜。

じゃがいものレモンたらこ和え

じゃがいもが熱いうちに和えて、たらこにやわらかく火を通します。
レモン汁でさっぱり、夏場にも喜ばれます。

材料（1〜2人分）
じゃがいも……1個
塩……少々
A ┃ オリーブオイル……小さじ1/2
　 ┃ たらこ……1/4腹
　 ┃ レモン汁……小さじ1弱
　 ┃ しょうゆ……小さじ1/2
レモンの輪切り……少々

作り方
1. じゃがいもは皮を剥いてピーラーなどで薄く削り、水にさらす。水気を切って耐熱ボウルに入れ、塩をまぶす。たらこは薄皮を除いてほぐす。
2. 耐熱ボウルにラップをふわりとかけ、電子レンジで2分ほど加熱する。水気を切って熱いうちにAと和え、好みで小さく切ったレモンの輪切りを添える。

じゃがいもの塩きんぴら

細く切ったじゃがいもは、少し歯応えを残して炒め上げるのがいい。
甘みのあるさつまいもで作っても面白い一品に。

材料（1〜2人分）
じゃがいも……1個
オリーブオイル……適量
A ┃ 酒……小さじ1
　 ┃ 塩……小さじ1/4
　 ┃ 鷹の爪（小口切り）……少々
白炒りごま……大さじ1/2

作り方
1. じゃがいもは皮を剥き、細い棒状に切って水にさらす。
2. フライパンにオリーブオイルを熱し、水気を切ったじゃがいもを入れてさっと炒める。油が回ったらAを加え、少し歯応えが残る程度まで炒め、仕上げに白炒りごまを加えて混ぜる。

じゃがいもとソーセージの
アンチョビマヨネーズ

ソーセージ入りの、食べ応えのあるサブおかず。
黒こしょうを多めにふって仕上げるのが好み。

材料（1〜2人分）
じゃがいも……1個
ソーセージ……1〜2本
A ┃ アンチョビペースト……小さじ1/3
　 ┃ マヨネーズ……大さじ1/2
塩、こしょう……各適量

作り方
1. じゃがいもは皮を剥いて縦に2等分し、約1cm幅の半月に切って水にさらす。ソーセージは3〜5mm厚さの小口切りにする。
2. 小鍋にじゃがいもを入れ、水をひたひたに注ぎ、塩を加えて火にかける。ひと煮立ちしたら弱火にし、3分ほど茹でる。ソーセージを加えて1分ほど茹でたら湯を捨て、再び火にかけて混ぜながら水気を飛ばす。Aを加えて混ぜ、塩、こしょうで調味する。

OKAZU 23 かぼちゃのおかず

pumpkin

ぼくぼくと栗のようなかぼちゃに当たると嬉しくなります。
ほんのり甘いおかずをお弁当の中に見つけると、なんだか安心します。

かぼちゃのバルサミコ焼き

電子レンジで軽く火を通してから焼くと早いのですが、
おいしさを優先するなら生からフライパンで焼くのがおすすめ。

材料（1～2人分）
かぼちゃ……120g
A｜バルサミコ酢……小さじ1
　｜しょうゆ……小さじ1/2
　｜はちみつ……小さじ1/4
オリーブオイル、黒こしょう……各適量

作り方
1. かぼちゃは皮をところどころ剥いて種とワタを除き、3～5mm厚さの食べやすい大きさに切る。
2. フライパンにオリーブオイルを熱してかぼちゃを入れ、両面を焼く。こんがりと焼き色がついてやわらかく火が通ったら、Aを加えて焼き絡め、好みで黒こしょうをふって仕上げる。

かぼちゃのミニコロッケ

きっちり入れたソース味のおかげでこのまま食べられます。
かぼちゃの小さなころころコロッケ、小腹がすいたときのおやつにもどうぞ。

材料（10個分）
かぼちゃ……1/8個
ハム……1枚
A｜ウスターソース……小さじ1
　｜お好み焼きソース……大さじ1/2
　｜塩、こしょう……各適量
水、小麦粉、溶き卵、パン粉、サラダ油……各適量

作り方
1. かぼちゃは種とワタを除き、小さめの乱切りにして耐熱皿にのせる。水を少々ふってラップをふわりとかけ、電子レンジで3～4分かぼちゃがやわらかくなるまで加熱する。ハムはみじん切りにする。
2. かぼちゃが熱いうちに皮を除いてボウルに入れ、フォークなどでつぶし、ハムとAを加えて混ぜ合わせる。
3. 10等分して小さく丸め、小麦粉、溶き卵、パン粉を順につける。小鍋かフライパンにサラダ油を熱し、転がしながら色よくカラリと揚げ焼きにする。

かぼちゃとくるみのサラダ

香ばしい甘みに微かな苦みを持つくるみは、
かぼちゃと相性のいいナッツ。アーモンドスライスで作るのもおすすめです。

材料（1～2人分）
かぼちゃ……120g
くるみ……10g
ごま油……大さじ1/2
A｜しょうゆ……小さじ1/2
　｜はちみつ……小さじ1
塩、こしょう……各適量

作り方
1. かぼちゃは皮をところどころ剥いて種とワタを除き、ピーラーで薄く削る。くるみは細かく刻む。
2. フライパンを熱してくるみを香ばしくから煎りし、取り出す。同じフライパンにごま油を熱し、かぼちゃを入れて焼くように炒める。歯応えがやや残るくらいに炒まったら、くるみとAを加えてざっと混ぜ、塩、こしょうで調味する。

Part 2　お弁当のおかずバリエ

OKAZU 24 ごぼうのおかず

burdock

地味な存在ながら、じつは香りがよくて旨みもあって、多彩な調理法で楽しめる野菜。
定番のきんぴら以外に、こんなレシピでバリエーションを増やしてみて。

ごぼうのソースきんぴら

お弁当に定番のきんぴらをウスターソース味で。
細い棒状に切りましたが、ピーラーでささがきにしても。

材料（1人分）
ごぼう……1/4本
サラダ油……適量
A ┃ ウスターソース……大さじ1
　 ┃ 酒……大さじ1/2
　 ┃ しょうゆ……小さじ1
黒炒りごま……小さじ1

作り方
1. ごぼうは皮をこそげ、4〜5cm長さの棒状に切って水にさっとさらす。
2. フライパンにサラダ油を熱し、水気を切ったごぼうを入れてさっと炒める。油が回ったら A を加え、水分が少なくなるまで炒め煮し、黒ごまをふって仕上げる。

ごぼうの唐揚げ

下味はじっくりとしみ込ませたほうがおいしいですが、
時間勝負のお弁当の場合は、仕上げに塩をふるなどして微調整を。

材料（1人分）
ごぼう……1/4本
A ┃ 塩……小さじ1/3
　 ┃ 酒……小さじ1
B ┃ 片栗粉……大さじ1
　 ┃ 小麦粉……大さじ1/2
サラダ油……適量

作り方
1. ごぼうは皮をこそげ、めん棒などで叩いて割り、食べやすい長さに切って水にさっとさらす。水気をしっかり切ってビニール袋に入れ、A をもみ込んで5〜10分ほどおく。B を入れて全体にまぶしつける。
2. 小鍋かフライパンにサラダ油を熱し、ごぼうを入れて色よくカラリと揚げ焼きにする。

ごぼうのマヨぽんサラダ

マヨネーズとぽん酢しょうゆを合わせたドレッシングは万人受けするおいしさ。
れんこんで作ってもおいしい。

材料（1人分）
ごぼう……1/4本
酒……小さじ1
A ┃ ぽん酢しょうゆ……小さじ1
　 ┃ マヨネーズ……小さじ1
　 ┃ 白すりごま……小さじ1
塩、こしょう……各適量

作り方
1. ごぼうは皮をこそげ、3〜4cm長さの4〜6つ割りにして水にさっとさらす。水気を切って耐熱ボウルに入れて酒をふり、ラップをふわりとかけ、電子レンジで1分〜1分30秒ほど加熱する。
2. ボウルに A を合わせ、水気を切ったごぼうを加えて和え、塩、こしょうで調味する。

OKAZU 25 れんこんのおかず

lotus root

れんこんは酢水にさらしてアクを抜くといいますが、アクも味のうち、あまり気にしていません。
クリアな白に仕上げたいときだけ、ていねいに。

れんこんの甘酢漬け

甘酢に漬けたパリパリれんこんはあると嬉しい一品。
想像通りの味わいは、食べる人に安心感をもたらします。

材料（1～2人分）
- れんこん……50g
- 酒……小さじ1/2
- A
  - 酢……大さじ1/2
  - 砂糖……大さじ1/2
  - だししょうゆ……小さじ1/2
  - 鷹の爪（輪切り）……少々

作り方
1. れんこんは皮を剥き、薄い半月切りにして水にさらす。水気がついたまま耐熱ボウルに入れて酒をふり、ラップをふわりとかけ、電子レンジで1分～1分30秒ほど加熱する。
2. ボウルにAを合わせ、れんこんを加えて混ぜ、しばらくおいて味をなじませる。

れんこんの甘辛味噌炒め

メインがやさしい味わいの一品なら、こんなしっかり濃い味の炒め物を添えて。
ピリリと辛みが効いた、ご飯の進む一品です。

材料（1～2人分）
- れんこん……60g
- サラダ油……適量
- A
  - テンメンジャン……大さじ1/2
  - だししょうゆ……小さじ1
  - みりん……小さじ1
  - 豆板醤……小さじ1/4

作り方
1. れんこんは皮を剥き、小さな乱切りにして水にさらす。
2. フライパンにサラダ油を熱し、水気を切ったれんこんを入れて炒める。香ばしく焼けてきたらAを加え、炒めながら絡める。

れんこんのたらこバター

れんこんにたらことバターを絡めてほんのり淡いピンク色に。
これにショートパスタを少し加え、ボリュームアップしても。

材料（1～2人分）
- れんこん……60g
- A
  - 白ワイン……小さじ1
  - バター……小さじ1
  - たらこ……1/4腹
- 塩、こしょう、オリーブオイル……各適量

作り方
1. れんこんは皮を剥き、薄いいちょう切りにして水にさらす。たらこは薄皮を除いてほぐす。
2. フライパンにオリーブオイルを熱し、水気を切ったれんこんを入れて炒める。歯応えがやや残る程度に炒まったら、Aを加えてさっと炒め、塩、こしょうで調味する。

Part 2 お弁当のおかずバリエ

Column 3　魔法瓶のスープカップであったかお弁当

　電子レンジの備わった環境にあっても、お弁当を温め直すひと手間を面倒に思う男性って多いよう。作るほうは、なるべく冷めてもおいしいおかずをと心がけていますが、ホカホカのお料理ってやっぱり嬉しいものだし、味噌汁やスープなど温かな汁物があると気持ちも和むもの。寒い時期ならなおのことそうでしょう。そこで便利なのが、カップタイプの魔法瓶。温かさを長くキープするのでゆるりと煮込んでいるような状態が続き、作った直後よりおいしくなるというおまけつきです。カレーやシチュー、肉じゃがなどの煮込みが温かく食べられるって、ちょっと幸せ。豚の角煮も脂が固まらずやわらかくいただけます。

　具だくさんの汁物はそれだけで満足度を高めてくれるので、じつは作る側もラク。前日の夕食にした豚汁があれば炊き込みご飯や混ぜご飯を添えて。ミネストローネなら簡単なサラダやサンドイッチを。こんなお弁当も、時には楽しんでもらえるのではないでしょうか？

> 保温・保冷可能なタイガーのステンレスカップ。パンプキンカラーのスープカップは容量380ml、茶色のnoomaは250ml。奥のお弁当箱はフタに保冷効果があって、サラダなどに便利です。

ハヤシライス

会社で食べるお昼ごはん、温かいカレーでは香りが立ちすぎるかな？と思ったら、ハヤシライスを。デミグラスソースを使わないレシピなので、気軽に作れます。

材料（1〜2人分）

- 牛こま切れ肉……80g
- 玉ねぎ……1/4個
- にんじん……2cmほど
- しめじ……1/2パック
- 小麦粉……大さじ1
- バター……小さじ1
- 赤ワイン……1/4カップ

A
- 水……1/2カップ
- トマトケチャップ……大さじ2
- ウスターソース……大さじ1/2
- みりん……大さじ1/2
- しょうゆ……小さじ1
- 顆粒ブイヨン……1/2本

塩、こしょう、サラダ油……各適量

炊き方

1. 玉ねぎは薄切り、にんじんは食べやすい大きさの薄切り、しめじは石づきを取ってほぐす。
2. フライパンか鍋にサラダ油を熱して牛肉を入れ、塩、こしょうをふって表面を焼き、取り出す。バターを入れて玉ねぎを焼くように炒める。香ばしく炒まったら小麦粉をふってさらにしっかり炒め、にんじん、しめじ、牛肉を順に加えて炒め合わせる。
3. 赤ワインを注いでひと混ぜし、Aを加えて煮立てた後、弱火で15分ほど煮る。

Part 3
お弁当の工夫いろいろ

お弁当は毎日のことだから、変化や工夫を心がけることも大切。
いつものマンネリ弁当をプチチェンジしてくれるメニューや
あると便利な作り置きおかずとそのアレンジ法など、
お弁当作りを楽しく続けるためのアイディアをまとめました。

ご飯の工夫

炊き込みご飯&混ぜご飯

韓国風、和風、洋風、エスニックの4種。炊き込みご飯はおいしく炊ける2合分、混ぜご飯は1合分のレシピです。

豚肉ともやしの韓国風ご飯

コチュジャンで少しピリ辛の韓国風味が食欲をそそります。夕食に作って翌日のお弁当に詰めても文句の出ないおいしさ。

材料（2合分）
米……2合
豚こま切れ肉……200g
もやし……1袋
A
- しょうゆ……大さじ2
- 酒……大さじ2
- 砂糖……大さじ1
- コチュジャン……大さじ1
- 練り状中華だし……大さじ1/2
- しょうがのすりおろし……小さじ1

サラダ油、塩、こしょう……各適量

作り方

1. 米は洗ってザルにあげる。フライパンにサラダ油を熱し、豚肉ともやしを入れて塩、こしょうをふり、さっと炒め合わせる。油が回ったら合わせたAを加えてひと煮立ちさせ、時々混ぜながら2〜3分煮る。ザルなどに通して具と煮汁に分ける。
2. 炊飯器に米と煮汁を入れて2合分の水加減をし、具をのせて炊く。炊き上がったら、さっくりと混ぜ返す。

※お弁当箱に詰め、刻んだ万能ねぎ（分量外）を散らしました。

和風カレー混ぜご飯

牛肉とまいたけを合わせる混ぜご飯が好きで、味つけを変えていろいろ作ります。こちらの和風カレー味のレシピは、中でも好評だったもの。

材料（1合分）
温かいご飯……1合分
牛こま切れ肉……100g
まいたけ……1パック
しょうが……1/2片
酒……大さじ1
A
- だししょうゆ……大さじ1/2
- オイスターソース……小さじ1
- カレー粉……小さじ1
- しょうゆ……小さじ1/2
- 砂糖……小さじ1/4

塩、こしょう、ごま油……各適量

作り方

1. まいたけは石づきを落として食べやすくさく。しょうがはせん切りにする。
2. フライパンにごま油を熱して牛肉を入れ、塩、こしょうをふって炒める。色が変わってきたら酒をふり、まいたけとしょうがを加えて炒め合わせ、合わせたAを加えて炒める。
3. ボウルにご飯を入れ、2を加えてさっくりと混ぜる。

※お弁当箱に詰め、万能ねぎの小口切り（分量外）を散らしました。

具材の入った味つけご飯は、スペシャルな感じがして嬉しいもの。
おかずを兼ねるようなボリュームご飯にすれば副菜は常備菜を詰めるだけでよく、お漬物を添えるぐらいでも十分。

鶏肉とマッシュルームの洋風炊き込みご飯

フライパンで炊き上げる洋風ご飯。バターの風味が決め手です。
卵で包んでオムライス風に仕上げても。

材料 (2合分)

米……2合
鶏胸肉……200g
玉ねぎ……1/2個
マッシュルーム……1パック
白ワイン……大さじ2
A｜水……350ml
　｜ブイヨン（顆粒）……1本 (5g)
　｜塩……小さじ1/2
バター……20g
塩、こしょう、サラダ油
　　……各適量

作り方

1. 鶏胸肉は1〜2cm角に、玉ねぎはみじん切りに、マッシュルームは薄切りにする。米はさっと洗ってザルにあげる。
2. フライパンにサラダ油を熱し、玉ねぎを入れて炒める。透き通ってきたら、鶏胸肉とマッシュルームを加えて少し強めに塩、こしょうをふり、白ワインを加えてさっと炒め合わせる。
3. 米を加えて軽く炒めたら、合わせたAを注ぎ、バターをのせてフタをし、強めの中火にかける。沸騰したら弱火にし、10分ほど炊いて火を止め、8分ほど蒸らす。炊き上がったら、さっくりと混ぜ返す。

※お弁当箱に詰め、小さくちぎったパセリ（分量外）を散らしました。

鶏肉のバジルご飯

タイの屋台ご飯・ガパオ風の混ぜご飯。
バジルの香りが爽やかで、食べ応えも十分。

材料 (1合分)

温かいご飯……1合分
鶏もも肉……1/2枚 (120g)
たけのこ（水煮）……50g
バジル……5〜6枚
酒……大さじ1
A｜ナンプラー……大さじ1
　｜オイスターソース……大さじ1/2
　｜しょうゆ……大さじ1/2
　｜砂糖……大さじ1/2
鷹の爪（輪切り）、塩、こしょう、
　サラダ油……各適量

作り方

1. 鶏もも肉は小さめのそぎ切りに、たけのこは食べやすい大きさの薄切りにする。
2. フライパンにサラダ油を熱して鶏もも肉を入れ、塩、こしょうをふって炒める。色が変わってきたら酒をふり、たけのこと鷹の爪を加えて炒め合わせ、合わせたAを加えて水分が少なくなるまで炒め煮にする。バジルを小さくちぎって加え、さっと混ぜる。
3. ボウルにご飯を入れ、2を加えてさっくりと混ぜる。

お寿司

お酢には食べ物を傷みにくくする働きがあるので、酢飯はお弁当にぴったり。とくに夏場のお寿司弁当はおすすめです。

ツナといんげんの混ぜ寿司

ツナ缶と冷蔵庫にある少しの野菜で作れる洋風混ぜ寿司。いんげんのかわりに、きぬさやや枝豆でも。ごく簡単なおかずを添えて。

材料（1合分）
- 温かいご飯（やや硬めに炊いたもの）……1合分
- ツナ（水煮）……小1缶
- いんげん……50g
- A
  - 酒……大さじ1
  - しょうゆ……小さじ1
  - 砂糖……小さじ1
- B
  - 酢……大さじ2強
  - 砂糖……大さじ1と1/2
  - 塩……小さじ2/3
- 黒こしょう、サラダ油……各適量

作り方
1. いんげんは食べやすく斜めに切る。ツナは汁気を切っておく。
2. フライパンにサラダ油を熱し、いんげんを入れて炒める。油が回ったらツナとAを加え、水分がほぼなくなるまで炒め煮にする。
3. Bを合わせて寿司酢を作り（電子レンジに少しかけるとよい）、ご飯に回しかけて酢飯を作る。2を加えてさっくりと混ぜ、好みで黒こしょうをふって仕上げる。

うなぎときゅうりの混ぜ寿司

夏に元気が出そうな、うなぎの蒲焼きを使った混ぜ寿司。こってり味のうなぎをきゅうりと大葉で爽やかにいただきます。

材料（1合分）
- 温かいご飯（やや硬めに炊いたもの）……1合分
- うなぎの蒲焼き……1尾
- きゅうり……1/2本
- 大葉……4～5枚
- 酒……大さじ1
- 塩、ごま油……各適量
- A
  - 酢……大さじ2強
  - 砂糖……大さじ1と1/2
  - 塩……小さじ2/3

作り方
1. フライパンにごま油を熱し、長さを2～3等分に切ったうなぎを入れる。身の下側が香ばしく焼けたら酒をふり、フタをして弱火で2分ほど蒸し焼きにして火を止め、そのまま冷ます。
2. きゅうりは薄い小口切りにして塩をふり、5～10分ほどおいた後、水分を絞る。大葉はせん切りにする。うなぎは食べやすく1cm幅程度に切る。
3. Aを合わせて寿司酢を作り（電子レンジに少しかけるとよい）、ご飯に回しかけて酢飯を作る。2を加え、さっくりと混ぜる。

鶏そぼろのっけちらし

鶏肉、卵、きぬさやの3色がきれいなちらし寿司。
ご飯を2段にして、真ん中にも鶏そぼろを忍ばせておくと楽しい。

材料（1合分）
温かいご飯（やや硬めに炊いたもの）
　……1合分
鶏ひき肉……120g
A┃酒……大さじ2
　┃しょうゆ……大さじ1
　┃みりん……大さじ1
　┃砂糖……小さじ2
　┃卵……1個
B┃牛乳……小さじ1
　┃砂糖……小さじ1/2
　┃塩……少々
　┃酢……大さじ2強
C┃砂糖……大さじ1と1/2
　┃塩……小さじ2/3
サラダ油……適量

作り方
1. フライパンにサラダ油を熱し、合わせたBを流し入れる。菜箸3〜4本で混ぜながら火を通して卵そぼろを作り、取り出しておく。
2. 同じフライパンにサラダ油を熱し、鶏ひき肉を入れる。Aを加え、菜箸3〜4本で混ぜながら火を通して鶏そぼろを作る。
3. Cを合わせて寿司酢を作り（電子レンジに少しかけるとよい）、ご飯に回しかけて酢飯を作る。酢飯をお弁当箱に詰め、卵そぼろと鶏そぼろをのせる。

※お弁当箱に詰め、電子レンジで軽く加熱したさやいんげん、紅しょうが（共に分量外）を散らしました。

しば漬けと揚げれんこんの混ぜ寿司

シャッキリもっちり食感の揚げれんこんを
しば漬けを使ったお漬物寿司に混ぜ込みました。

材料（1合分）
温かいご飯（やや硬めに炊いたもの）
　……1合分
れんこん……100g
しば漬けのみじん切り……大さじ2
A┃酢……大さじ2強
　┃砂糖……大さじ1と1/2
　┃塩……小さじ2/3
塩、サラダ油……各適量

作り方
1. れんこんは小さめの乱切りにし、さっと水にさらす。フライパンにサラダ油を熱し、水気を切ったれんこんを入れてこんがりと揚げ焼きにし、軽く塩をふる。
2. Aを合わせて寿司酢を作り（電子レンジに少しかけるとよい）、ご飯に回しかけて酢飯を作る。1としば漬けを加え、さっくりと混ぜる。

※お弁当箱に詰め、短く切った万能ねぎ（分量外）を散らしました。

お助け麺&パン

ショートパスタ

お弁当にするなら、ロングパスタよりも伸びにくくて食べやすいショートパスタを。形も多種多彩、肉厚で食べ応えもあります。

ペンネナポリタン

定番のトマトケチャップ味に味噌風味を加えて和風アレンジしたナポリタン。ペンネを茹でている間にソースを作るとスムーズです。

材料（1人分）
- ペンネ……80g
- ソーセージ……2〜3本
- ピーマン、赤ピーマン……各1個
- 玉ねぎ……1/4個
- A
  - トマトケチャップ……大さじ2
  - 赤ワイン……大さじ1
  - コチュジャン……大さじ1/2
- 塩、こしょう、サラダ油……各適量

作り方
1. ソーセージは斜め切り、ピーマンと赤ピーマンは細切り、玉ねぎは薄切りにする。フライパンにサラダ油を熱し、玉ねぎ、ピーマンと赤ピーマン、ソーセージ、Aを順に加え、その都度炒め合わせる。
2. 鍋に湯を沸かして塩をやや強めに入れ、ペンネを袋の表示時間通りに茹でる。引き上げて水気を切り、1のフライパンに入れ、さっと炒め合わせる。こしょうをふって仕上げる。

ブロッコリーとたけのこ、ツナのパスタ

ごろごろ入ったブロッコリーで満足感のあるパスタ。ご飯が少し足りないとき、サラダがわりに副菜として詰めても。

材料（1人分）
- マカロニ……80g
- ブロッコリー……1/4株
- たけのこ（水煮）……50g
- ツナ（水煮）……小1缶
- 酒……大さじ1/2
- A
  - オリーブオイル……大さじ1/2
  - しょうゆ……小さじ1/4
- 塩、こしょう、サラダ油……各適量

作り方
1. ブロッコリーは小房に分け、たけのこは食べやすい大きさに切る。フライパンにサラダ油を熱し、ブロッコリー、たけのこ、ツナを入れ、塩、こしょうをふってさっと炒め合わせる。酒をふってフタをし、2〜3分蒸し焼きにする。
2. 鍋に湯を沸かして塩をやや強めに入れ、マカロニを袋の表示時間通りに茹でる。引き上げて水気を切り、1のフライパンに入れてさっと炒め合わせ、Aを加えて風味づけする。

お米を切らしてしまったときや、おかずをあれこれ作る気力がないときは、麺やパンの出番です。
片手でさっと食べられるサンドイッチは、忙しい日のランチにぴったり。

豚しゃぶと香味野菜のパスタ

香味野菜はレシピにこだわらず、揃うもの、好きな分量で。
豚肉はお湯の中で脂が落ちるので、あっさりいただけます。

材料（1人分）
- フジッリ……80g
- 豚薄切り肉（しゃぶしゃぶ用）……80g
- 大葉……4枚
- 万能ねぎ……2～3本
- しょうが……1/4片
- 貝割れ大根……1/2パック
- 白炒りごま……小さじ1
- A
  - ぽん酢しょうゆ……大さじ1
  - ごま油……小さじ2
  - しょうゆ……小さじ1
- 酒、塩……各適量

作り方
1. 大葉としょうがはせん切り、万能ねぎは小口切り、貝割れ大根は長さを半分に切る。
2. 鍋に湯を沸かして塩をやや強めに入れ、フジッリを袋の表示時間通りに茹でる。引き上げて水気を切り、Aを合わせたボウルに入れる。
3. 同じ鍋に酒少々を加え、豚肉を茹でて冷水にとって冷やす。水気を切って2のボウルに入れ、1、白ごまを加えてさっくりと混ぜる。

ズッキーニとえびのペンネ

炒めてとろりと崩れたズッキーニがソースがわり。
アンチョビがあれば、刻んで少し加えてもおいしい。

材料（1人分）
- ペンネ……80g
- むきえび……100g
- ズッキーニ……1/2本
- オリーブオイル……大さじ1
- 白ワイン……大さじ1
- 片栗粉、塩、こしょう、黒こしょう、粉チーズ……各適量

作り方
1. むきえびは背ワタがあれば除き、片栗粉少々をもみ込んで洗い、水気を切る。ズッキーニは薄切りにする。
2. フライパンにオリーブオイルを熱してズッキーニを入れ、塩をふって炒める。しんなりと炒まったらえびを加え、塩、こしょう、白ワインをふって炒め合わせる。
3. 鍋に湯を沸かして塩をやや強めに入れ、ペンネを袋の表示時間通りに茹でる。引き上げて水気を切り、2のフライパンに入れ、さっと炒め合わせる。好みで粉チーズと黒こしょうをふって仕上げる。

焼きそば

具を用意して炒め合わせるだけ。安い、簡単、早い、冷めてもおいしいと、四拍子揃った焼きそばは、お弁当向きの主食です。

豚肉、じゃこ、しその塩焼きそば

豚肉とじゃこ、ダブルの旨みに、香りのよい大葉を刻んで。
あっさり塩味の中にコクと深みが感じられる和風焼きそばです。

材料（1人分）
- 蒸し麺……1玉
- 豚こま切れ肉……80g
- 長ねぎ（白い部分）……1/4本
- 大葉……4～5枚
- じゃこ……大さじ1～2
- 酒……大さじ1
- A ┃ 練り状中華だし……小さじ1弱
    ┃ 水……大さじ1と1/2
- 塩、こしょう、サラダ油、白ごま……各適量

作り方
1. 長ねぎは小口切り、大葉はせん切りにする。Aは合わせておく（電子レンジに少しかけるとよい）。
2. フライパンにサラダ油を熱し、豚肉を入れて軽く塩、こしょうをふり、炒める。色が変わったら酒をふり、長ねぎを加えて炒め合わせ、大葉とじゃこも加えてひと混ぜする。
3. 蒸し麺を電子レンジで1分ほど温めて2のフライパンに入れ、Aを加えて麺をほぐしながらさっと炒める。塩、こしょうで調味し、白ごまをふる。

シーフードミックスときぬさやのレモンしょうゆ焼きそば

シーフードミックスも冷凍庫にあると便利な素材。
熱湯をさっと回しかけてから使うひと手間でよりおいしく。

材料（1人分）
- 蒸し麺……1玉
- 冷凍シーフードミックス……150g
- きぬさや……8枚ほど
- 酒……大さじ1
- A ┃ しょうゆ……大さじ1/2
    ┃ レモン汁……大さじ1/2
    ┃ 練り状中華だし……小さじ1弱
    ┃ 水……大さじ1
- 塩、こしょう、ごま油、白ごま……各適量

作り方
1. シーフードミックスはザルにのせ、熱湯をかけて解凍し、水をかけて熱を取る。きぬさやは食べやすく斜めに切る。Aは合わせておく（電子レンジに少しかけるとよい）。
2. フライパンにごま油を熱し、シーフードミックスを入れて炒める。油が回ったら酒をふり、きぬさやを加えて炒め合わせる。
3. 蒸し麺を電子レンジで1分ほど温めて2のフライパンに入れ、Aを加えて麺をほぐしながらさっと炒め、塩、こしょうで調味し、白ごまをふる。

牛肉と豆苗のオイスターソース焼きそば

たっぷりの豆苗ですが加熱するとカサが減り、ペロッと食べられます。
豆苗＋もやしを半分ずつ使ってもいいし、もやしだけでも。

材料（1人分）

蒸し麺……1玉
牛こま切れ肉……80g
豆苗……1/2袋
長ねぎ（白い部分）……1/2本
酒……大さじ1
A｜オイスターソース……大さじ1
　｜水……大さじ1
　｜しょうゆ……小さじ1
　｜練り状中華だし……小さじ1弱
　｜豆板醤……小さじ1/4
こしょう、サラダ油……各適量

作り方

1. 豆苗は長さを半分、長ねぎは小口切りにする。Aは合わせておく（電子レンジに少しかけるとよい）。
2. フライパンにサラダ油を熱し、牛肉を入れて炒める。色が変わったら酒をふり、長ねぎと豆苗を加えて炒め合わせる。
3. 蒸し麺を電子レンジで1分ほど温めて2のフライパンに入れ、Aを加えて麺をほぐしながらさっと炒め、こしょうをふって仕上げる。

油揚げと九条ねぎとれんこんのゆず塩焼きそば

具材と味つけ次第でポップにもジャンクにも上品にもなる焼きそば。
こちらはしっとり和風、品のよい雰囲気です。

材料（1人分）

蒸し麺……1玉
油揚げ……1/2枚
九条ねぎ……1/2束
れんこん……2cmほど
酒……大さじ1
A｜白だし……小さじ2
　｜水……大さじ1
ゆず……1個
塩、こしょう、サラダ油……各適量

作り方

1. 油揚げは細めの短冊切り、九条ねぎは斜め切り、れんこんは薄いいちょう切りにして水にさらす。ゆずは皮を1/4ほどすりおろし、果汁を搾る。
2. フライパンにサラダ油を熱し、油揚げ、九条ねぎ、水気を切ったれんこんを入れ、酒をふって焼くように香ばしく炒める。
3. 蒸し麺を電子レンジで1分ほど温めて2のフライパンに入れ、Aを加えて麺をほぐしながらさっと炒め、塩、こしょうで調味する。ゆずの皮を加え、果汁を好みの分量加えて仕上げる。

サンドイッチ

気分転換にもなるパンのお弁当。サンドイッチは外で買ってしまいがちですが、やさしいおいしさは手作りならではのもの。

焼き卵のサンドイッチ

茹で卵ではなく、焼いた卵が入っていた母のサンドイッチ。
懐かしく、私が作る卵サンドも自然と焼き卵が多いです。

材料（1人分）
食パン（8枚切り）……2枚
A│卵……1個
　│牛乳……大さじ1/2
　│塩、こしょう……各少々
きゅうり……1/4本
ハム……2枚
マーガリン、マヨネーズ、
練り辛子、サラダ油……各適量

作り方
1. フライパンにサラダ油を熱し、合わせたAを流し入れてふんわりと焼き、取り出して冷ます。きゅうりは縦に薄切りにする。
2. 食パンの内側にマーガリンと練り辛子を適量塗り、きゅうり、卵焼き、ハムを、マヨネーズを接着剤にして適量絞りながらのせ、サンドする。好みでパンの耳を落とし、食べやすく切り分ける。

ソーセージとキャベツのロールパンサンド

フレッシュなせん切りキャベツももちろんいいけれど、
火を通して甘くなったキャベツ＋ソーセージの組み合わせが好きです。

材料（2個分）
ロールパン……2個
ソーセージ……2本
キャベツ……1枚ほど
A│カレー粉、
　│塩、こしょう……各適量
サラダ油、マーガリン、粒マスタード、
トマトケチャップ、パセリ……各適量

作り方
1. キャベツはせん切りにする。フライパンにサラダ油を熱し、ソーセージをこんがりと焼いて取り出す。サラダ油を足し、キャベツを入れて炒め、Aを加えて調味する。
2. ロールパンに切れ目を入れ、内側にマーガリンと粒マスタードを塗る。炒めたキャベツ、ソーセージ、トマトケチャップをはさみ、好みでパセリを飾る。

甘辛焼き肉のマフィンサンド

焼き肉のタレで炒めた牛肉を具にしました。
お腹にたまる、がっつり系のマフィンサンド、男子ウケします。

材料（2個分）
- イングリッシュマフィン……2個
- 牛こま切れ肉……100g
- 玉ねぎ……1/4個
- A
  - 焼き肉のタレ……大さじ2
  - 酒……大さじ1
  - しょうゆ……少々
- 白すりごま……少々
- マーガリン、サンチュ、にんじんのせん切り、マヨネーズ、サラダ油……各適量

作り方
1. 玉ねぎは薄切りにする。フライパンにサラダ油を熱し、牛肉と玉ねぎを入れてさっと炒める。油が回ったらAを加え、水分が少なくなるまで炒め煮し、仕上げに白すりごまを加える。
2. イングリッシュマフィンは半分に割ってトーストする。内側にマーガリンを塗り、サンチュ、1、にんじんのせん切りをのせ、マヨネーズを絞ってサンドする。

えびチリマフィンサンド

スイートチリソースを利用して簡単に味つけしたえびチリ。
お決まりですが、マヨネーズを絞ってひと味加えるとさらに美味です。

材料（2個分）
- イングリッシュマフィン……2個
- むきえび……100～120g
- 長ねぎ……1/4本
- 酒……大さじ1/2
- A
  - スイートチリソース……大さじ1
  - トマトケチャップ……大さじ1
  - こしょう……少々
- 片栗粉、マーガリン、レタス、サラダ油……各適量

作り方
1. むきえびは背ワタがあれば除き、片栗粉少々をもみ込んで洗い、水気を切って、酒をふってしばらくおく。長ねぎはみじん切りにする。
2. えびの水気を拭き取り、片栗粉を薄くまぶす。フライパンにサラダ油を熱し、えびを炒める。長ねぎ、Aを順に加え、さっと炒め合わせる。
3. イングリッシュマフィンは半分に割ってトーストする。内側にマーガリンを塗り、レタス、2のえびチリをのせてサンドする。

大きな作り置きおかず

ローストポーク

ゆっくり柔らかく煮込んでから、
オーブンで表面を香ばしく焼き上げて。
切り方次第でさまざまな用途に使えます。

材料（作りやすい分量）

豚かたまり肉
　（肩ロース、ももなど）
　……300g
A　
　酒……大さじ3
　しょうゆ……大さじ3
　はちみつ……大さじ2
　しょうが……1片
　水……大さじ3
B　
　はちみつ……小さじ1/2
　ごま油……小さじ1/2

作り方

1. しょうがは半分に切り、包丁の腹でつぶす。鍋に豚肉とAを入れて中火にかけ、ひと煮立ちしたら弱火にして時々肉を返しながら40分ほど煮込む。火を止めてそのまま冷ます。
2. 天板にオーブンシートを敷き、豚肉をのせる。表面にBを塗り、230℃のオーブンでおいしそうな焼き色がつくまで焼く。

---

arrange menu:01 » 生春巻き

棒状に切って、レタスと一緒に巻き込みました。
角切りにしたり、ほぐしたりして、ポテトサラダや和え物に加えても。

材料（2本分）

生春巻きの皮……2枚
赤パプリカ……1/8個
レタス……1枚
大葉……2枚
ローストポーク……適量

作り方

1. 赤パプリカは薄切りにする。生春巻きの皮を水にさっとくぐらせて、まな板の上にのせる。
2. やや手前寄りの中央部分に大葉を1枚のせ、その上にちぎったレタス、赤パプリカ、ローストポークを適量のせる。両側の皮を具材の幅に合わせて折りたたみ、手前からくるくると巻く。2〜3等分に切り分ける。
※好みでスイートチリソースやぽん酢しょうゆなどを添えても。

お弁当に

---

arrange menu:02 » ローストポークサンド

ランチはもちろん、お弁当にも向くサンドイッチ。
ラーメンにのせたり、冷麺の具にするのもおすすめ。

材料（1人分）

食パン（8枚切り）……2枚
ローストポーク、マーガリン、
　練り辛子、キャベツのせん切り、
　マヨネーズ……各適量

作り方

1. 食パンはトースターでこんがりとトーストし、2等分する。ローストポークは薄くスライスする。
2. 食パンの内側にマーガリンと練り辛子を塗り、キャベツのせん切り、ローストポーク、マヨネーズをサンドする。

ランチに

時間のあるときに作っておくと便利な、使い回しの効く大きめのおかずは、お弁当のおかずにも大変便利。
自分用のひとりランチのレシピと一緒にご紹介します。

豚肉の紅茶煮

細身に作るとお弁当に入れやすく、
おつまみとしても食べやすい。
タレにゆずこしょうを溶かしたり、ねぎを加えたりしても。

材料（作りやすい分量）
豚肩ロース肉
　　（ステーキ、カツ用など）
　　……3～4枚
紅茶のティーバッグ……3個
A｜しょうゆ……大さじ4
　｜酢……大さじ3
　｜砂糖……大さじ2
　｜ごま油……大さじ1/2

作り方
1. 豚肉は肉叩きか包丁の背などで叩き、薄くのばして広げる。1枚ずつくるくると棒状に巻き、たこ糸で縛る。
2. 鍋に1とティーバッグを入れ、ひたひたに水（分量外）を注いで火にかける。沸騰したら弱火にし、30分ほど煮る。
3. 保存容器にAを合わせ、煮上がった豚肉を漬け、味をなじませる。

arrange menu:01 》紅茶煮のピカタ

卵で包んで焼いた、やさしい味。
マヨネーズや練り辛子、しょうゆなどを添えてもいい。

材料（1～2人分）
豚肉の紅茶煮……約1本
A｜卵……1個
　｜牛乳……大さじ1/2
　｜塩、こしょう……各適量
小麦粉、サラダ油……各適量

作り方
1. 豚肉の紅茶煮は厚さ3mm程度に斜めにスライスし、小麦粉を薄くまぶす。ボウルにAを合わせて豚肉をくぐらせ、サラダ油を熱したフライパンで両面をこんがりと焼く。

お弁当に

arrange menu:02 》紅茶煮のサラダ丼

作り置きがあれば、ひとりランチもスピーディーに準備。
ミニ丼にして夜食に出してあげても喜ばれます。

材料（1人分）
豚肉の紅茶煮……適量
温かいご飯……1膳分
漬け込んだタレ、プチトマト、
　貝割れ大根……各適量

作り方
1. 豚肉の紅茶煮は食べやすく切る。プチトマトは4等分する。器にご飯をよそい、豚肉の紅茶煮、プチトマト、貝割れ大根をのせ、好みの量のタレをかける。

ランチに

鶏肉のマーマレード煮

シンプルな調味料ですが十分深みのある味に。
余力があれば、しょうがやねぎも加えてみて。
にんにくを入れても、もちろんおいしい。

材料（作りやすい分量）
鶏もも肉……300〜400g
A | しょうゆ……1/4カップ
　| 水……1/4カップ
　| オレンジマーマレード……大さじ3
　| 酒……大さじ2

作り方
1. 鶏もも肉は余分な脂を除き、1枚を5〜6等分に切る。
2. Aと共に鍋に入れて火にかけ、ひと煮立ちしたら弱火にして時々肉を返しながら20〜30分煮込む。

---

arrange menu:01 》 鶏の唐揚げマーマレード風味

マーマレード×しょうゆの甘辛味は唐揚げにも向きます。
すでに火が通っているので表面をさっと揚げるだけでOK。

材料（1人分）
鶏肉のマーマレード煮……2〜3切れ
片栗粉、サラダ油……各適量

作り方
1. 鶏肉のマーマレード煮は食べやすく切り、片栗粉をしっかりと押しつけるようにしてまぶしつける。
2. 小鍋かフライパンに多めのサラダ油を熱して2を入れ、さっと揚げ焼きにする。

お弁当に

---

arrange menu:02 》 親子海苔巻き

大葉を一緒に巻いても香りよくいただけます。
具材の準備は手早くしたいので卵といんげんは一緒に炒めました。

材料（1人分）
ご飯……1/2合分
A | 塩……少々
　| 白炒りごま……小さじ1/2
鶏肉のマーマレード煮……適量
いんげん……4〜5本
溶き卵……1/2個分
焼き海苔（全形）……1枚
塩、こしょう、ごま油……各適量

作り方
1. ご飯にAを混ぜておく。鶏肉のマーマレード煮は手でほぐすか適当な大きさに切る。いんげんは斜め薄切りにする。フライパンにごま油を熱し、いんげんを入れてさっと炒め、溶き卵を流し入れてふんわりと火を通し、塩、こしょうをふる。
2. 台にラップを敷いて焼き海苔を置き、ご飯を薄く広げる。真ん中にいんげんと卵、鶏肉のマーマレード煮を適量のせ、くるくると巻いてラップで包む。
※切り分ける際はラップごと切ると切りやすいです。

ランチに

肉団子

揚げずに表面をこんがり焼いてから
フタをして蒸し焼きにしても構いません。
小さな肉団子、冷凍保存も可能です。

材料（作りやすい分量）

A
- 合びき肉……200g
- 卵……1/4個分
- 長ねぎのみじん切り……大さじ2
- 酒……大さじ1
- 片栗粉……大さじ1/2
- しょうゆ……小さじ1/2
- しょうがのすりおろし……小さじ1/2
- 塩、こしょう……各適量

サラダ油……適量

作り方

1. Aをボウルに入れてよく練り混ぜる（フードプロセッサーに入れてガーッと混ぜれば簡単です）。15～16等分くらいに小さく丸める。
2. フライパンに多めのサラダ油を熱し、1を入れて転がしながら揚げ焼きにする。

お弁当に

arrange menu:01》 甘酢団子

野菜を加えて酢豚風にするとボリュームが出ます。
また、小麦粉、溶き卵、パン粉をつけて揚げれば、コロンと可愛いミンチカツに変身。

材料（1人分）

- 肉団子……5～6個

A
- 酢……大さじ1弱
- 酒……大さじ1/2
- しょうゆ……大さじ1/2
- 砂糖……小さじ2
- 片栗粉……小さじ1/4

サラダ油……適量

作り方

1. フライパンにサラダ油を熱し、肉団子を入れて温める。Aを入れ、照りよく煮絡める。

※砂糖は黒砂糖を使うと風味が深くなります。

arrange menu:02》 春雨スープ

ひとりランチならこんなスープで軽く済ませても。
ヘルシーですが、きちんとお腹を満たしてくれます。

材料（1人分）

- 肉団子……好みの量
- レタス……2～3枚
- しめじ、えのきだけ……各1/4袋
- 春雨（乾燥）……15g

A
- 水……1と1/2カップ
- 酒……小さじ1
- しょうゆ……小さじ1
- 練り状中華スープ……小さじ1

塩、こしょう、ごま油……各適量

作り方

1. レタスはざく切りにする。きのこ類は小房に分ける。春雨はさっと洗う。
2. 鍋にAを入れてひと煮立ちさせ、肉団子、きのこ類、春雨を入れて3分ほど、レタスを加えて1～2分煮る。塩、こしょうで調味し、ごま油で風味づけする。

ランチに

小さな作り置きおかず

牛肉のしぐれ煮

脂が均一に入った薄切り肉を選んで作ると、よりおいしく。
おかずのボリュームがちょっと足りないときに、ご飯にのせても。

材料（作りやすい分量）
- 牛薄切り肉……300g
- しょうが……1片
- サラダ油……適量
- A
  - 酒……大さじ3
  - しょうゆ……大さじ2
  - 砂糖……大さじ2

作り方
1. 牛肉は2〜3cm幅に切る。しょうがはせん切りにする。
2. 鍋かフライパンにサラダ油を熱し、1を入れてさっと炒め合わせる。牛肉の色が変わったらAを加え、汁気が少なくなるまで炒め煮にする。

かぼちゃと黄パプリカのバルサミコマリネ

洋風弁当のときにちょこっと添えます。
黄色同士で色みを揃えて大人らしく仕上げました。

材料（作りやすい分量）
- かぼちゃ……1/6個
- 黄パプリカ……1個
- A
  - オリーブオイル……大さじ2
  - バルサミコ酢……大さじ1
  - しょうゆ……小さじ1/2
  - 塩、こしょう……各適量
- オリーブオイル……適量

作り方
1. かぼちゃは皮をところどころ剥き、種とワタを除いて厚さ3〜5mmの薄切りにする。黄パプリカはひと口大に切る。ボウルか保存容器にAを合わせる。
2. フライパンにオリーブオイルを熱し、かぼちゃと黄パプリカを重ならないようにして入れ、両面をこんがりと焼いて火を通す。1のボウルに移してひと混ぜし、冷蔵庫において味をなじませる。

なすのしそドレッシングマリネ

色よく揚げ焼きにしたなすをドレッシングでマリネしました。
市販のしそドレッシングを使うと、より簡単。

材料（作りやすい分量）
- なす……3本
- A
  - 大葉のせん切り……4〜5枚分
  - 酢……大さじ2
  - しょうゆ……大さじ1
  - みりん……大さじ1/2
  - 砂糖……大さじ1/2
  - 白だし……小さじ1/2
  - 塩、こしょう……各適量
- オリーブオイル……適量

作り方
1. ボウルか保存容器にAを合わせる。なすは約1.5cm厚さの輪切りにする。
2. フライパンにオリーブオイルを少し多めに入れて熱し、なすを入れて色よく揚げ焼きにする。1のボウルに移してひと混ぜし、冷蔵庫において味をなじませる。

※なすは切ってすぐに加熱します。切ってから時間がかかるときなどは、水にさらしてアク抜きしてから使ってください。

お弁当にそのまま詰められる常備菜がいくつか冷蔵庫にあると本当に助かります。
夕飯支度のついでや、お休みの日にちょこちょこ準備しておくと、忙しい朝の心の余裕につながります。

チンゲンサイの塩昆布漬け

サラダがわり、お漬物がわりにもなる一品。
チンゲンサイって生で食べてもおいしいんですよ。

材料（作りやすい分量）
チンゲンサイ……2株
塩……小さじ1/2
A
　塩昆布……大さじ1と1/2
　しょうゆ……大さじ1
　ごま油……大さじ1
　しょうがのすりおろし……小さじ1/2

作り方
1. チンゲンサイは食べやすく3～4cm長さに切り、塩をもみ込んで10分ほどおく。
2. ボウルか保存容器にAを合わせる。1をさっと洗って水分を絞り、ボウルに入れてひと混ぜし、冷蔵庫において味をなじませる。

叩きごぼうのマスタードしょうゆ

叩いて割ったごぼうは味なじみがよく、素朴な印象のおかずに。
和風弁当にも、洋風弁当にも入れやすい万能おかず。

材料（作りやすい分量）
ごぼう……1/2本
サラダ油……適量
A
　粒マスタード……大さじ1
　しょうゆ……大さじ1
　はちみつ……大さじ1
　酢……大さじ1

作り方
1. ごぼうは皮をこそげ、めん棒で叩いたあと食べやすい大きさに割って水にさらす。
2. フライパンにサラダ油を熱し、水気を切ったごぼうを入れて香ばしく焼くように炒める。Aを加え、水分が少なくなるまで炒め煮にする。

れんこんと豚肉の洋きんぴら

れんこんは、豚肉やベーコン、ソーセージなどと炒めると旨みが増します。
アンチョビで香りと塩気をつけた、洋風きんぴらです。

材料（作りやすい分量）
れんこん……150g
豚こま切れ肉……50g
アンチョビ……3枚
白ワイン……大さじ1
塩、黒こしょう、オリーブオイル
　……各適量

作り方
1. れんこんは縦半分に切り、めん棒で叩いたあとひと口大に割って水にさらす。アンチョビは粗みじんに切る。
2. フライパンにオリーブオイルを熱し、豚肉とアンチョビを入れて炒める。色が変わってきたら白ワインをふり、水気を切ったれんこんを加えて炒め合わせる。塩、黒こしょうで調味する。

チリコンカン

玉ねぎは色づくまでしっかりと炒めると旨みが増します。
プレーンなレシピなのでお好みでチリパウダーなどを加えても。

材料（作りやすい分量）
- ひよこ豆（水煮）……1缶（240g）
- 合びき肉……120g
- 玉ねぎ……1/4個
- にんじん……1/4本
- セロリ……1/4本
- 赤パプリカ……1/2個
- 赤ワイン……大さじ2
- A
  - ホールトマト……1/2缶（200g）
  - ウスターソース……大さじ1
  - しょうゆ……小さじ1/2
  - みりん……小さじ1/2
- 塩、こしょう、オリーブオイル……各適量

作り方
1. 玉ねぎは薄切り、にんじんは小さないちょう切り、セロリと赤パプリカは粗みじんに切る。ひよこ豆はさっと洗ってザルにあげる。
2. 鍋かフライパンにオリーブオイルを熱し、玉ねぎ、にんじん、セロリ、赤パプリカを順に加えて炒める。合びき肉を加え、赤ワインをふってさっと炒め、ひよこ豆とAを加える。20分ほど煮て、塩、こしょうで調味する。

ししとうといんげんの焼きびたし

だしとしょうゆのシンプルな漬けダレで作る野菜の焼きびたし。
お弁当に入れるときに、カレー粉やかつお節を加えるなどアレンジを。

材料（作りやすい分量）
- ししとう……50g
- いんげん……80g
- A
  - だししょうゆ……大さじ1
  - 水……大さじ2
  - しょうゆ……小さじ1/2
  - 砂糖……ひとつまみ
- サラダ油……適量

作り方
1. ボウルか保存容器にAを合わせる。ししとうは包丁の先で2〜3カ所刺し、いんげんは筋を取って長さを2〜3等分する。
2. フライパンにサラダ油を熱し、ししとうといんげんを入れて香ばしく焼く。1のボウルに移してひと混ぜし、冷蔵庫において味をなじませる。

赤ピーマンと赤玉ねぎのマリネ

お弁当に少量添えてあると嬉しい酸っぱいおかず。
焼いたり揚げたりしたお魚やお肉と合わせると、メインの一品になります。

材料（作りやすい分量）
- 赤ピーマン……2個
- 赤玉ねぎ……1/2個
- A
  - オリーブオイル……大さじ2
  - 酢……大さじ1
  - はちみつ……小さじ1
  - 塩……小さじ1/4
  - こしょう……適量

作り方
1. 赤ピーマンは薄切りにする。赤玉ねぎは薄切りにして水にさらす。ボウルか保存容器にAを合わせる。
2. 赤ピーマンと水気を切った赤玉ねぎを1のボウルに入れてひと混ぜし、冷蔵庫において味をなじませる。

こんにゃくの味噌煮

ひと手間省きたいときは、カット済み、下茹で不要のこんにゃくが便利。
煮絡まった濃いめの味噌味に、ご飯が進みます。

材料（作りやすい分量）
玉こんにゃく（アク抜き不要のもの）
　……120〜130g
A
- だし汁……1/4カップ
- 味噌……大さじ1強
- 酒……大さじ1
- しょうゆ……小さじ2
- 砂糖……小さじ2

作り方
1. こんにゃくは洗って水気を切り、鍋かフライパンに入れてから煎りする。Aを加え、時々混ぜながら、水分がなくなるまで10分ほど煮る。

※こんにゃくのアク抜きが必要な場合は、熱湯で3分ほど茹でてから使用してください。

さつまいものごま団子

塩気のあるおかずの中に、小さな甘みを添えたいときに。
もちろん、常備おやつやお茶請けとしても。

材料（作りやすい分量）
さつまいも……小1本（正味100g）
A
- きび砂糖……小さじ2
- バター……小さじ2
- 塩……ひとつまみ

白炒りごま……適量

作り方
1. さつまいもは皮を剥いて3cm角くらいに切り、水にさらした後、鍋に入れ、ひたひたの水を注ぐ。フタをして中火にかけ、沸いたら弱火にして10分ほど茹でる。やわらかくなったらフタを外し、中火にしてヘラで混ぜながら水分を飛ばす。ヘラでつぶし、Aを混ぜる。
2. 少量ずつ取って直径2.5cm程度に丸め、白炒りごまをまぶしつける。

※小さな器に炒りごまを入れ、転がしながらまぶしつけて。

ひじきの炒めサラダ

甘辛い和風味にした煮物がポピュラーなひじき。
あっさりと塩味仕立てにしたものも美味。和食にも洋食にも合います。

材料（作りやすい分量）
- 芽ひじき（乾燥）……大さじ4
- 油揚げ……1/4枚
- にんじん……2cmほど
- きぬさや……10枚
- オリーブオイル……適量
- 酒……大さじ1/2

A
- オリーブオイル……小さじ2
- 塩……小さじ1/4
- 塩昆布……小さじ1
- 黒こしょう……適量

作り方
1. ひじきはたっぷりの水で戻す。油揚げ、にんじん、きぬさやはそれぞれ細く切る。
2. フライパンにオリーブオイルを熱し、油揚げ、にんじん、きぬさやを入れ、さっと炒める。続けて水気を切ったひじきを入れ、酒をふってさっと炒め合わせる。火を止め、Aを加えて味つけする。

Part 3　お弁当の工夫いろいろ

小さな小さな作り置きおかず

みょうがの佃煮

小ぶりな保存瓶1個分、作りやすくて食べ切りやすい分量です。
白いご飯や酢飯に混ぜたり、家で食べるなら豆腐やそうめんに添えても。

材料（作りやすい分量）
みょうが……5〜6個
A しょうゆ……大さじ1
　みりん……大さじ1
　酒……大さじ1/2

作り方
1. みょうがは縦半分に切り、斜め薄切りにする。鍋にみょうがとAを入れて中火にかけ、水分が少なくなるまで炒め煮にする。

海苔の佃煮

海苔巻きを作ったときに余ってしまう海苔を活用して作ります。
主人の大のお気に入りで、なくなるとリクエストされます。

材料（作りやすい分量）
焼き海苔（全形）……5〜6枚
だし汁……1カップ
A 酒……大さじ2
　しょうゆ……大さじ2
　砂糖……大さじ1
　みりん……大さじ1

作り方
1. 焼き海苔はざっとちぎって鍋に入れ、だし汁を注いで中火にかける。焼き海苔がほぐれてきたら、Aを加えて弱火にし、時々混ぜながらぽってりとするまで15〜20分煮る。

ホタテとあさりの佃煮

ホタテとあさり、2つの海の幸を合わせて旨みたっぷりです。
油揚げ、にんじんなどを足して炊き込みご飯にしても。

材料（作りやすい分量）
蒸しベビーほたて……120g
あさりのむき身……80g
しょうが……1片
酒……1/4カップ
A しょうゆ……大さじ2
　みりん……大さじ1
　ざらめ……大さじ1

作り方
1. しょうがはせん切りにする。ホタテ、あさり、しょうが、酒を鍋に入れ、中火にかける。ひと煮立ちしたらAを加えて弱火にし、時々混ぜながら水分が少なくなるまで15分ほど煮る。

ささやかな脇役ではありますが、ご飯に添えた手作りの佃煮は
「おいしく食べてね」の気持ちを伝えてくれるような気がします。

うなぎの佃煮

うなぎの蒲焼きで作るちょっと贅沢な佃煮。
卵でとじて丼仕立てにしても。実山椒の量はお好みで加減を。

材料（作りやすい分量）
うなぎの蒲焼き……1尾
実山椒……20g
A ┃ 酒……大さじ2
　┃ しょうゆ……大さじ1
　┃ みりん……大さじ1

作り方
1. うなぎは約1.5cm幅に切ってザルなどにのせ、熱湯をざっと回しかける。鍋にうなぎ、実山椒、Aを入れて中火にかけ、時々混ぜながら水分が少なくなるまで煮る。

Column 4　あると便利な焼き野菜のストック

　野菜が半端に残ったとき、適当な大きさに切ってとりあえず火を入れておくと何かと便利です。蒸す、さっと炒めてから蒸し煮、茹でる、電子レンジで加熱するなど、いろいろな方法をとりますが、いちばん多いのはフライパンで焼く方法。少量のオリーブオイルでこんがりと焼き、ごく軽く塩をふって冷蔵庫へ。香ばしい焼き色がいい調味料になってくれるのでこのままでも十分おいしく、しょうゆ、ぽん酢しょうゆ、梅肉など手近にあるものと和えるだけで、お弁当おかずの一品があっという間にできあがります。

いんげん、万願寺唐辛子、えのきだけ、赤パプリカ、かぼちゃを焼いてストック。お弁当が思いのほか地味に仕上がってしまったときなども、彩りをプラスするのに役立ちます。

おまけのおやつ

コーヒーゼリー

コーヒーは無糖または微糖で作り、クリームの甘さでバランスを取るレシピ。加糖のコーヒーで作り、コーヒーフレッシュを添えても。

材料（容量120mlのカップ3個分）

- アイスコーヒー（無糖タイプ）……200ml
- 板ゼラチン……2枚（3g）
- A
  - 生クリーム……30ml
  - グラニュー糖……小さじ1
  - カルーアリキュール……小さじ1/4
- インスタントコーヒー（粉末）……適量

下準備
・板ゼラチンはたっぷりの水に入れ、ふやかしておく。

作り方
1. ボウルなどにアイスコーヒーを入れ、電子レンジで人肌より少し熱い程度に温める。板ゼラチンの水気を絞り、これに加えてよく混ぜ、きれいに溶かす。カップに注いでラップをかけ、冷蔵庫でしっかりと冷やし固める。
2. Aを小さめのボウルに入れ、九分立て程度に泡立てる。1に好みの分量をスプーンでのせ、インスタントコーヒーをふって仕上げる。

※コーヒーは手軽に市販のアイスコーヒーを使用していますが、お好みの濃さにいれたコーヒーを使ってもOKです。

オレンジたっぷりゼリー

フレッシュなオレンジをオレンジジュースで固めたゼリー。コアントローはなくても作れますが、少量加えると味が洗練されます。

材料（容量120mlのカップ5個分）

- オレンジジュース（果汁100％）……150ml
- 熱湯……50ml
- グラニュー糖……20g
- コアントロー……小さじ1
- 板ゼラチン……2枚（3g）
- オレンジ……2個
- ミントの葉……適量

下準備
・板ゼラチンはたっぷりの水に入れ、ふやかしておく。
・オレンジは皮を除いて実を切り出し、食べやすい大きさに切る。

作り方
1. 小さめのボウルなどに熱湯とグラニュー糖を入れ、よく混ぜて溶かす。板ゼラチンの水気を絞り、これに加えてよく混ぜ、きれいに溶かす。オレンジジュースとコアントローを加えて混ぜる。
2. オレンジの実をカップに適量ずつ分け入れ、1をそっと注ぎ入れる。ラップをかけて冷蔵庫でしっかりと冷やし固める。
3. ミントの葉を散らして仕上げる。

食事のシメに甘いものがほしい彼には、冷たいデザートや甘い粉ものをつけて。
冷菓はフタつきのカップに作り、保冷剤と共にクーラーバッグへ。保温保冷効果のある携帯魔法瓶も便利です。

きなこの豆乳プリン

ゼラチンで冷やし固めるタイプのプリン。
豆乳が苦手なら牛乳にかえてどうぞ。

材料（容量120mlのカップ5個分）

A
- 豆乳……200ml
- 生クリーム……大さじ2
- きなこ……15g
- きび砂糖……25g

ラム酒……小さじ1
板ゼラチン……2枚（3g）
茹で小豆……適量

下準備
・板ゼラチンはたっぷりの水に入れ、ふやかしておく。

作り方
1. 鍋にAを入れて中火にかけ、人肌より少し熱い程度に温め、よく混ぜてきび砂糖ときなこを溶かす。板ゼラチンの水気を絞り、これに加えてよく混ぜ、きれいに溶かす。
2. ラム酒を加え、よく混ぜてカップに注ぎ、ラップをかけて冷蔵庫でしっかりと冷やし固める。茹で小豆を散らして仕上げる。

黄桃のレアチーズ

缶詰の黄桃をピュレにして、レアチーズ生地に合わせました。
甘酸っぱくさっぱりといただけるデザート。

材料（容量120mlのカップ3個分）

- 黄桃（缶詰）……150g
- クリームチーズ……80g
- グラニュー糖……30g
- 牛乳……50ml
- ピーチリキュール……小さじ1
- レモン汁……小さじ1/2
- 板ゼラチン……2枚（3g）
- 飾り用の黄桃（缶詰）、好みのジャム、粉砂糖……各適量

下準備
・板ゼラチンはたっぷりの水に入れ、ふやかしておく。
・クリームチーズは室温に戻す。
・黄桃はレモン汁と合わせてミキサーにかけ、ピュレ状にする。

作り方
1. 牛乳を小さなボウルなどに入れ、人肌より少し熱い程度に電子レンジで温める。板ゼラチンの水気を絞ってこれに加え、きれいに溶かす。
2. ボウルにクリームチーズとグラニュー糖を入れ、泡立て器でなめらかに練り混ぜる。黄桃のピュレ、1、ピーチリキュールを順に加え、その都度よく混ぜる。カップに入れてラップをかけ、冷蔵庫でしっかりと冷やし固める。
3. 小さく切った黄桃とジャムを飾り、粉砂糖をふって仕上げる。

抹茶のスティックバターケーキ

時間をおいたほうがおいしいので、1〜2日前に作っておきます。
棒状に切り分けてワックスシートで包めば、持ちやすく食べやすい。

材料（15cmのスクエア型1台分）

A
- 薄力粉……45g
- 抹茶……5g
- アーモンドパウダー……60g
- ベーキングパウダー……小さじ1/4
- 塩……ひとつまみ

卵……1個
グラニュー糖……60g
バター……60g

下準備

・Aは合わせてふるう。
・卵は室温に戻す。
・バターは湯煎か電子レンジにかけて溶かす。
・型にオーブンシートを敷く。
・オーブンを170℃に温める。

作り方

1. ボウルに卵を入れてハンドミキサーでほぐし、グラニュー糖を加え、白っぽくふんわりとした状態に泡立てる。溶かしたバターを加えて全体を混ぜ、Aをふるい入れて、ゴムベラで大きく均一に混ぜる。

2. 型に流し入れ、170℃のオーブンで25〜30分焼く。ケーキクーラーに取って冷まし、好みの幅のスティック状に切り分ける。

チョコとレーズンとくるみのマフィン

混ぜて焼くだけなので、ちょっと早起きすれば焼き立てを持って行ってもらえます。
朝ごはんを食べ損ねた彼の小腹満たしにもいいですね。

材料（直径7cmのマフィン型6個分）

A
- 薄力粉……90g
- アーモンドパウダー……30g
- ベーキングパウダー……小さじ1/2

卵……1個
グラニュー糖……60g
塩……ひとつまみ
プレーンヨーグルト……30g
生クリーム……100ml
ラム酒……大さじ1/2
くるみ……30g
チョコチップ……20g
レーズン（カレンツ）……30g

下準備

・Aは合わせてふるう。
・卵は室温に戻す。
・くるみはオーブンでから焼きするかフライパンで香ばしくから煎りし、粗く砕く。
・型に紙カップを敷く。
・オーブンを170℃に温める。

作り方

1. ボウルに卵を入れて泡立て器でほぐし、グラニュー糖と塩を加えてよく混ぜる。プレーンヨーグルト、生クリーム、ラム酒を順に加え、その都度よく混ぜる。

2. Aをふるい入れ、ゴムベラでさっくりと大きく混ぜる。くるみ、チョコチップ、レーズンを加え、全体を混ぜる。

3. 型に生地を流し入れ、170℃のオーブンで25分ほど焼く。

おすすめアイテム❷

お弁当作りに活躍する調味料

白だし、だししょうゆ、白しょうゆ

ひと差しでおいしいおだしの風味が活きる白だしとだししょうゆは私の定番調味料。彩りを大切にしたいお弁当おかず、でき上がりの色みを濁さない白しょうゆもちょこちょこ使います。

市販のドレッシング

1本で味つけが完了するタレやドレッシング類。手作りも楽しいけれど市販品選びもまた面白く、勉強にもなります。おいしさやとろみを低カロリーで叶えてくれるところなどが秀逸。

水煮素材パック

缶詰・瓶詰・パウチなど加熱処理済み素材の買い置きは、時間のないときや冷蔵庫の中が寂しいときの救世主。キユーピーサラダクラブのシリーズは使い切り少量パックなのも嬉しい。

チューブ調味料いろいろ

フタを外してチュッと出せる便利さと手軽さに加え、空気に触れにくく酸化しにくい点も優秀。液状の柚子こしょうや味噌などは、溶いて加えるひと手間が省けるため、お弁当作りに重宝。

ふりかけ

白いご飯に味の変化と彩りを添えるふりかけは、お肉やお魚にふったり、野菜と合わせたりと、意外な使い方も。マカロニやかまぼこと和えれば隙間用の即席おかずの完成です。

塩昆布

ご飯にもぴったりで、おかずの下味・隠し味にも使え、これひとつで味を決めることもできる旨みの深い塩昆布。残り野菜を刻んで混ぜておけば、箸休めの小さなおかずに。

粉末ピーナッツ

いつものごま和えもすりごまにかえてこれで作れば、ひと味違った一品に。ちょっとした風味の変化が嬉しいお弁当の小さなおかずには、こんな目新しい素材が活躍します。

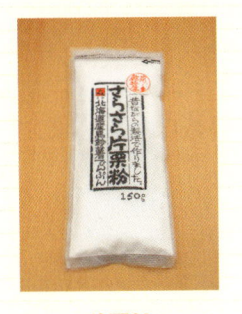

片栗粉

おかずの汁気が多いと味移りしたり、汁もれの一因になったりも。片栗粉で汁気を留めればそんな心配も減るし、味の絡みもよくなります。揚げ物の衣作りにも欠かせません。

ミックスソルト

ハーブやスパイスがバランスよくブレンドされた塩。下味に、調理中に、仕上げにひとふり。1本あると重宝します。いろいろな種類が出ているので、好みのものを見つけてみて。

おわりに

　これまでいろいろなお弁当箱で、いくつものお弁当を作ってきました。結婚当初は大きめの一段弁当、おかずよりもご飯をたくさん詰めていました。保温ジャータイプのお弁当箱の時代もあって、ご飯のジャーは大きかったけれどおかずの容器はとても小さく、何だか申し訳ないなぁと思いながらも「すごくラク！」なんて、ひそかに喜んでいたりもしていました。だし巻き卵以外はすべて冷凍食品（！）なんていうお弁当もありましたっけ。とにかく面倒くさがりの典型、わがままで自己中心的な私、朝がつらいときなどは義務感に迫られながらのルーティンワーク。振り返ると、思いやりのないお弁当もたくさんあったはず。なのに主人は文句も言わず、いつもきれいに食べてくれていました。

　年月が流れ、長い時間の経過の中にはいくつかの転機もあり、お弁当に対する意識や考え方が少しずつ変化していきました。気がつくといつの間にか、おかずがたっぷり入るお弁当箱を選び、自分の作ったお料理でおかずの箱をいっぱいにできるように。今では楽しみながら、面白がりながら、毎日のお弁当を作れるようになりました。お弁当を作り始めた頃の私が見たら、びっくりして腰を抜かすと思います。習うより慣れろとはよく言ったもので、続けていれば、なるようになるもの。なりたいようにもなれるもの、なんですね。

　もしかすると、私の作ったおかずより、出来合いのお惣菜や冷凍食品のほうがおいしいかもしれません。だけど、昔の懺悔と日頃はなかなか言えない感謝の気持ちを込めたお弁当。これからも作り続け、食べ続けてもらいたいと思います。

◎ お弁当の記録

- 牛肉とごぼうの炊き込みご飯　● 小かぶの梅しょうゆ和え　● ししとうの昆布塩焼き　● だし巻き卵

- ポテトサラダ　● にんじんとツナのサラダ　● 万願寺唐辛子とパプリカの肉味噌サラダ　● ハム＋レタス＋きゅうりのサンドイッチ

- 鶏肉とねぎのあっさり煮　● にんじんとツナの炒め物　● きゅうりの酢の物　● もやしの海苔和え　● だし巻き卵

- 鮭の塩焼き　● 蒸しなすと鶏胸肉のマヨ味噌和え　● ブロッコリーのハニーマスタードしょうゆ　● キャロットラペ　● だし巻き卵

- まいたけと豚肉とねぎの炒め物　● 炒り卵　● リラックマかまぼこ♪

- 豚肉とピーマンの炒め物　● 焼きなすのウスターソース漬け　● カニかまの空豆和え　● ほうれん草のごま和え

- 鶏胸肉のプレーンロール　● なすとピーマンの味噌炒め　● ごぼうとにんじんのきんぴらポテトサラダ　● だし巻き卵

毎日のお弁当、こんな感じで作っています！

- ●鶏胸肉のしそチーズロール ●豆苗のおひたし ●野菜天のマヨぽん焼き ●しめじとコーンの塩バター炒め ●だし巻き卵

- ●ブリの塩焼き ●にんじんのきんぴら ●ほうれん草のおひたし ●だし巻き卵

- ●鶏肉と長ねぎの照り焼き ●ほうれん草のおひたし ●だし巻き卵 ●しば漬け

- ●長いも焼き ●きぬさや ●はちみつしょうゆマスタード味の鶏肉 ●ざくざく切ったゆで卵 ●ミニステーキの薄切り

- ●鶏そぼろの混ぜ込みおにぎり ●高菜漬けの混ぜ込みおにぎり ●梅おにぎり ●だし巻き卵 ●しば漬け

- ●ソーセージとキャベツのロールサンド ●鶏胸肉の卵サラダロールサンド ●ハム＋チーズ＋レタスサンド

- ●マフィンサンド ●フィッシュフライサンド ●ベーコンエッグサンド

- ●まいたけと大葉の豚肉ミニロール ●野菜天のゆずこしょうマヨ焼き ●ブロッコリーとベーコンの蒸し物 ●明太とねぎ入りだし巻き卵 ●五目炊き込みご飯

- ●ブリの照り焼き ●豚肉とごぼうの炒め物 ●いんげんのごま和え ●だし巻き卵

- ●鶏肉と万願寺唐辛子の塩炒め ●タラと水菜のグラタン風 ●赤ピーマンの梅ダレ和え ●ちぎり海苔入りだし巻き卵

- ●しめじのぽん酢しょうゆ炒め ●ふんわり炒り卵 ●焼きプチトマト ●牛肉としょうがの甘味噌炒め ●いんげんのピーナッツ和え

- ●まいたけの牛肉巻き ●なすの甘酢煮 ●きゅうりの酢の物 ●きぬさやのクリームチーズ和え ●にんじんの卵とじ

- ●ミニハンバーグ ●しめじとブナピーの炒め物 ●焼きパプリカ ●半月卵

- ●ほたるいかと油揚げの炊き込みご飯 ●アジフライ ●ほうれん草のカニかま和え ●だし巻き卵

- ●鮭のチーズパン粉焼き ●キャベツとしめじとプチトマトのカレーソテー ●アンチョビピーマン ●ひらひらにんじんのサラダ ●アスパラガス入りだし巻き卵

- ●ドライカレー ●茹で卵 ●スナップえんどうとごぼうのサラダ ●きゅうりの漬け物

- ●鶏肉のちょい辛照り焼き ●万願寺唐辛子と油揚げ、山椒の香り和え ●かぼちゃのナッツドレッシング和え ●ひじき入りだし巻き卵

- ●鶏の唐揚げ ●いんげんとごぼうの味噌マヨ和え ●豚肉と大根とにんじんの煮物 ●だし巻き卵

- ●菜の花の炊き込みご飯 ●白身魚の南蛮漬け ●アスパラガスとしめじのマスタード辛子マヨ和え ●赤ピーマンのごま和え

- ●鮭のミニバーグ ●ウィンナーのコチュジャンケチャップ焼き ●伏見唐辛子と油揚げの煮物 ●海苔入りだし巻き

- ●鶏肉の照り焼き ●小松菜炒め ●炒り卵 ●ピリ辛高菜漬け

109

食材別さくいん

肉

■牛肉
- 焼き肉のタレ肉じゃが ……… 17
- ドライカレー海苔巻き ……… 19
- 牛丼 ゆずこしょう風味 ……… 29
- 牛肉のマスタードクリーム焼き ……… 45
- 牛肉とピーマンの
  ハニーオイスターソース炒め ……… 52
- 牛肉のしょうが焼き ……… 52
- サルティンボッカ風 ……… 52
- 牛肉の焼きしゃぶマリネ ……… 53
- 牛肉と大根の韓国風炒め ……… 53
- 牛肉とセロリのカキしょうゆ炒め ……… 53
- 牛肉のしぐれ煮入りだし巻き ……… 57
- 牛肉のうずら卵巻き ……… 62
- 牛肉のアスパラガス巻き ……… 62
- 牛肉のしそ味噌巻きカツ ……… 63
- 和風カレー混ぜご飯 ……… 84
- 牛肉と豆苗の
  オイスターソース焼きそば ……… 91
- 甘辛焼き肉のマフィンサンド ……… 93
- 牛肉のしぐれ煮 ……… 98

■鶏肉
- 鶏の唐揚げ和風タルタルソース ……… 11
- 鶏胸肉のプレーンロール ……… 21
- 鶏ごぼうの混ぜご飯 ……… 28
- 焼き鶏 ……… 31
- 鶏肉のピリ辛照り焼き ……… 37
- グリルチキンとグリル野菜 ……… 41
- 鶏胸肉の唐揚げ ……… 54
- 鶏胸肉のバジルマヨネーズ焼き ……… 54
- 鶏肉のカレークリーム煮 ……… 54
- 鶏チリ ……… 55
- タンドリーチキン風 ……… 55
- 鶏ときのこの味噌煮 ……… 55
- 鶏肉とマッシュルームの
  洋風炊き込みご飯 ……… 85
- 鶏肉のバジル飯 ……… 85
- 鶏そぼろのっけちらし ……… 87
- 鶏肉のマーマレード煮 ……… 96
- 鶏の唐揚げマーマレード風味 ……… 96
- 親子海苔巻き ……… 96

■ひき肉
- 肉味噌そぼろ ……… 13
- 照り焼きつくね ……… 58
- れんこんのはさみ焼き ……… 58
- ミンチカツ ……… 58
- ごま焼きつくね ……… 59
- お豆腐バーグ ……… 59
- おからコロッケ ……… 59
- 鶏そぼろのっけちらし ……… 87
- 肉団子 ……… 97
- 甘酢団子 ……… 97
- 春雨スープ ……… 97
- チリコンカン ……… 100

■豚肉
- 黒酢酢豚 ……… 25
- トンカツ ……… 30
- 豚肉の竜田揚げ ……… 35
- 豚肉のバルサミコマリネ焼き ……… 39
- ポークチャップ ……… 50
- 豚肉の花かつお焼き ……… 50
- ねぎ塩豚 ……… 50
- ポークピカタ ……… 51
- 豚肉のコチュジャンぽん酢炒め ……… 51
- 豚肉の梅白味噌焼き ……… 51
- 豚肉のアボカド巻きフライ ……… 62
- 豚肉のえのき巻き ……… 63
- 豚肉の油揚げとねぎ巻き ……… 63
- 豚肉ともやしの韓国風ご飯 ……… 84
- 豚しゃぶと香味野菜のパスタ ……… 89
- 豚肉、じゃこ、しその塩焼きそば ……… 90
- ローストポーク ……… 94
- 生春巻き ……… 94
- ローストポークサンド ……… 94
- 豚肉の紅茶煮 ……… 95
- 紅茶煮のピカタ ……… 95
- 紅茶煮のサラダ丼 ……… 95
- れんこんと豚肉の洋きんぴら ……… 99

魚介

■あさり
- ホタテとあさりの佃煮 ……… 102

■うなぎの蒲焼き
- うなぎときゅうりの混ぜ寿司 ……… 86
- うなぎの佃煮 ……… 103

■えび
- えびの粒マスタードソテー ……… 61
- ズッキーニとえびのペンネ ……… 89
- えびチリマフィンサンド ……… 93

■鮭, 鮭フレーク
- 鮭のアーモンド焼き ……… 23
- 鮭フレークマヨおにぎり ……… 27
- 鮭フレークと大葉のだし巻き ……… 56
- 鮭のひと口フライ ……… 60

■サワラ
- サワラのごま味噌焼き ……… 60

■シーフードミックス
- シーフードミックスときぬさやの
  レモンしょうゆ焼きそば ……… 90

■タイ
- タイの白だし漬け焼き ……… 33
- タラの明太マヨ焼き ……… 61

■タラ
- 白身魚のレンジ蒸し ……… 43

■ツナ
- きゅうりのツナと紅しょうが和え ……… 75
- ツナといんげんの混ぜ寿司 ……… 86
- ブロッコリーとたけのこ、ツナのパスタ ……… 88

■ブリ
- ブリの照り焼き ……… 15
- ブリの味噌バター焼き ……… 60

■ホタテ
- ホタテのベーコン巻き ……… 61
- ホタテとあさりの佃煮 ……… 102

加工品

■ウィンナー, ソーセージ
- ウィンナーのピリ辛ケチャップ炒め ……… 27
- じゃがいもとソーセージの
  アンチョビマヨネーズ ……… 78
- ペンネナポリタン ……… 88
- ソーセージとキャベツの
  ロールパンサンド ……… 92

■カニかま
- カニかま巻きだし巻き卵 ……… 35
- カニかまの海苔チーズ巻き ……… 65
- カニかまのマカロニサラダ ……… 65
- カニかまのパン粉焼き ……… 65

■さつま揚げ, 野菜天
- 野菜天のマヨネーズ焼き ……… 21
- さつま揚げとしめじのごま味噌炒め ……… 43

■ちくわ
- ちくわのきゅうり詰め ……… 17
- チーズ入りちくわの黒こしょう衣揚げ ……… 64
- ちくわとキャベツのコールスロー ……… 64
- ちくわの甘辛煮 ……… 64
- 小松菜とちくわの辛子酢味噌和え ……… 68

■ハム
- サルティンボッカ風 ……… 52
- 薄切りハムのだし巻き ……… 56
- かぼちゃのミニコロッケ ……… 79
- 焼き卵のサンドイッチ ……… 92

■ベーコン
- 長いもとベーコンの炒めもの ……… 15
- ホタテのベーコン巻き ……… 61
- キャベツとベーコンの味噌炒め ……… 76

野菜

■アスパラガス
- アスパラガスの味噌マヨ和え ……… 33
- グリルチキンとグリル野菜 ……… 41
- 牛肉の焼きしゃぶマリネ ……… 53
- 牛肉のアスパラガス巻き ……… 62
- アスパラガスのハーブフリット ……… 66

■アボカド
- アボカドビーンズサラダ ……… 23
- 豚肉のアボカド巻きフライ ……… 62

■いんげん
- いんげんと長いものピカタ ……… 66
- いんげんのピーナッツバター和え ……… 66
- 焼きいんげんのゆずしょうゆ漬け ……… 66
- ツナといんげんの混ぜ寿司 ……… 86
- 親子海苔巻き ……… 96
- ししとうといんげんの焼きびたし ……… 100

■枝豆
- 枝豆入りポテトサラダ ……… 35

■えのきだけ
- 鶏ときのこの味噌煮 ……… 55
- 豚肉のえのき巻き ……… 63
- えのきのピカタ ……… 71
- 春雨スープ ……… 97

■エリンギ
- 豚肉のコチュジャンぽん酢焼き ……… 51
- エリンギと玉ねぎのかき揚げ ……… 71

■大葉
- サルティンボッカ風 ……… 52
- 鮭フレークと大葉のだし巻き ……… 56
- 牛肉のしそ味噌巻きカツ ……… 63
- 大根の梅香味和え ……… 74
- うなぎときゅうりの混ぜ寿司 ……… 86
- 豚しゃぶと香味野菜のパスタ ……… 89
- 豚肉、じゃこ、しその塩焼きそば ……… 90
- 生春巻き ……… 94
- なすのしそドレッシングマリネ ……… 98

■貝割れ大根, スプラウト
- グリルチキンとグリル野菜 ……… 41
- 豚しゃぶと香味野菜のパスタ ……… 89
- 紅茶煮のサラダ丼 ……… 95

■かぶ
- かぶの梅和え ……… 28

■かぼちゃ
- かぼちゃのクリームチーズのサラダ ……… 39
- かぼちゃのバルサミコ焼き ……… 79
- かぼちゃのミニコロッケ ……… 79
- かぼちゃとくるみのサラダ ……… 79
- かぼちゃと黄パプリカの
  バルサミコマリネ ……… 98

■きぬさや
- きぬさやのごま和え ……… 15
- シーフードミックスときぬさやの
  レモンしょうゆ焼きそば ……… 90
- ひじきの炒めサラダ ……… 101

■キャベツ
- ミンチカツ ……… 58
- ちくわとキャベツのコールスロー ……… 64
- キャベツの七味しょうゆ炒め ……… 76
- キャベツとベーコンの味噌炒め ……… 76
- キャベツとザーサイのチヂミ風 ……… 76
- ソーセージとキャベツの
  ロールパンサンド ……… 92

■きゅうり
- ちくわのきゅうり詰め ……… 17
- 塩もみきゅうり ……… 30
- きゅうりの甘酢炒め ……… 75
- きゅうりのゆず昆布和え ……… 75
- きゅうりのツナと紅しょうが和え ……… 75
- うなぎときゅうりの混ぜ寿司 ……… 86
- 焼き卵のサンドイッチ ……… 92

■グリーンピース
- グリーンピースのゆずこしょう和え ……… 45

■ごぼう
- 鶏ごぼうの混ぜご飯 ……… 28
- ごぼうとにんじんのきんぴら ……… 45
- ごぼうのソースきんぴら ……… 80
- ごぼうの唐揚げ ……… 80
- ごぼうのマヨぽんサラダ ……… 80
- 叩きごぼうのマスタードしょうゆ ……… 99

■小松菜
- 小松菜のバターしょうゆ炒め ……… 23
- 小松菜のごまクリーム和え ……… 68
- 小松菜とちくわの辛子酢味噌和え ……… 68

■さつまいも
- さつまいものごまメープル ……… 19
- さつまいものごま団子 ……… 101

■サンチュ
- 甘辛焼き肉のマフィンサンド ……… 93

■しいたけ
- 七味しいたけ ……… 33

■ししとう
- ししとうと白ねぎ焼き ……… 31
- ししとうといんげんの焼きびたし ……… 100

■しめじ, ブナピー
- ブロッコリーとブナピーの炒め物 ……… 19
- さつま揚げとしめじのごま味噌炒め ……… 43
- しめじのレンジ蒸し ……… 71
- 春雨スープ ……… 97

■じゃがいも
- 焼き肉のタレ肉じゃが ……… 17
- 枝豆入りポテトサラダ ……… 35
- じゃがいものレモンたらこ和え ……… 78
- じゃがいもの塩きんぴら ……… 78
- じゃがいもとソーセージの
  アンチョビマヨネーズ ……… 78

■ズッキーニ
- ズッキーニのオリーブオイル焼き ……… 39
- ズッキーニとえびのペンネ ……… 89

■スナップえんどう
- グリルチキンとグリル野菜 ……… 41

■せり
- せりのおひたし ……… 28

■セロリ
牛肉とセロリのカキしょうゆ炒め … 53
チリコンカン … 100

■大根
大根の塩昆布和え … 37
牛肉と大根の韓国風炒め … 53
大根の竜田揚げ … 74
大根のじゃこきんぴら … 74
大根の梅香味和え … 74

■たけのこ
鶏肉のバジルご飯 … 85
ブロッコリーとたけのこ、ツナのパスタ … 88

■玉ねぎ
焼き肉のタレ肉じゃが … 17
ドライカレー海苔巻き … 19
牛丼 ゆずこしょう風味 … 29
豚肉のバルサミコマリネ焼き … 39
ポークチャップ … 50
牛肉とピーマンの
　ハニーオイスターソース炒め … 52
牛肉のしょうが焼き … 52
エリンギと玉ねぎのかき揚げ … 71
鶏肉とマッシュルームの
　洋風炊き込みご飯 … 85
ペンネナポリタン … 88
甘辛焼き肉のマフィンサンド … 93
チリコンカン … 100
赤ピーマンと赤玉ねぎのマリネ … 100

■チンゲンサイ
チンゲンサイのクリーム煮 … 37
チンゲンサイの塩昆布漬け … 99

■トマト
パプリカの焼きプチトマト和え … 72
チリコンカン … 100

■豆苗
豆苗の黒ごま和え … 25
牛肉と豆苗の
　オイスターソース焼きそば … 91

■長いも
長いもとベーコンの炒め物 … 15
いんげんと長いものピカタ … 27

■なす
なすのウスターソース漬け … 21
蒸しなすのわさびぽん酢 … 73
なすのしょうが味噌炒め … 73
なすのおかか味噌和え … 73
なすのしそドレッシングマリネ … 98

■ニラ
ニラ入り卵焼き … 25

■にんじん
こんにゃくとにんじんのピリ辛炒め … 11
にんじんの塩炒め … 13
リボンにんじんのサラダ … 17
ごぼうとにんじんのきんぴら … 45
カニかまのマカロニサラダ … 65
にんじんのグラッセ … 77
にんじんの炒めナムル … 77
揚げにんじんのマリネ … 77
チリコンカン … 100
ひじきの炒めサラダ … 101

■ねぎ(長ねぎ, 万能ねぎ, 九条ねぎ)
ねぎ入りだし巻き卵 … 15
黒酢酢豚 … 25
ししとうと白ねぎ焼き … 31
ねぎ入り炒り卵 … 31
白身魚のレンジ蒸し … 43
ねぎ塩豚 … 50

豚肉の油揚げとねぎ巻き … 63
豚しゃぶと香味野菜のパスタ … 89
豚肉、じゃこ、しその塩焼きそば … 90
牛肉と豆苗の
　オイスターソース焼きそば … 91
油揚げと九条ねぎとれんこんの
　ゆず塩焼きそば … 91

■バジル
鶏肉のバジルご飯 … 85

■パプリカ(赤・黄)
黒酢酢豚 … 25
グリルチキンとグリル野菜 … 41
パプリカのしょうがしょうゆ和え … 72
パプリカのマーマレード和え … 72
パプリカの焼きプチトマト和え … 72
生春巻き … 94
かぼちゃと黄パプリカの
　バルサミコマリネ … 98
チリコンカン … 100

■ピーマン
ピーマン炒め … 13
ドライカレー海苔巻き … 19
豚肉のバルサミコマリネ焼き … 39
牛肉とピーマンの
　ハニーオイスターソース炒め … 52
ピーマンのゆかり和え … 69
ピーマンのじゃこ炒め … 69
ピーマンのカキしょうゆ炒め … 69
ペンネナポリタン … 88
赤ピーマンと赤玉ねぎのマリネ … 100

■ブロッコリー
ブロッコリーとブナピーの炒め物 … 19
ブロッコリーのごま炒め … 67
ブロッコリーのマスタードしょうゆ和え … 67
ブロッコリーの天ぷら … 67
ブロッコリーとたけのこ、ツナのパスタ … 88

■ほうれん草, サラダほうれん草
サラダほうれん草のおひたし … 21

■まいたけ
牛肉のマスタードクリーム焼き … 45
和風カレー混ぜご飯 … 84

■マッシュルーム
鮭のアーモンド焼き … 23
鶏肉とマッシュルームの
　洋風炊き込みご飯 … 85

■万願寺唐辛子
万願寺唐辛子のおかかしょうゆ和え … 11
牛丼 ゆずこしょう風味 … 29

■水菜
水菜のなめたけわさび和え … 68

■みょうが
みょうがの佃煮 … 102

■もやし
もやしのカレーナムル … 70
もやしのオイスターソース炒め … 70
もやしの海苔ナムル … 70
豚肉ともやしの韓国風ご飯 … 84

■レタス
ロールパンの
　スクランブルエッグサンド … 41
えびチリマフィンサンド … 93
生春巻き … 94
春雨スープ … 97

■れんこん
れんこんの黒酢きんぴら … 35
れんこんのはさみ焼き … 58

れんこんの甘酢漬け … 81
れんこんの甘辛味噌炒め … 81
れんこんのたらこバター … 81
しば漬けと揚げれんこんの混ぜ寿司 … 87
油揚げと九条ねぎとれんこんの
　ゆず塩焼きそば … 91
れんこんと豚肉の洋きんぴら … 99

卵、卵製品

■うずら卵
牛肉のうずら卵巻き … 62

■卵
鶏の唐揚げ和風タルタルソース … 11
炒り卵 … 13
ねぎ入りだし巻き卵 … 15
だし巻き卵 … 17
ニラ入り卵焼き … 25
いんげんと長いものピカタ … 27
ねぎ入り炒り卵 … 31
カニかま巻きだし巻き卵 … 35
韓国海苔入りだし巻き卵 … 37
ロールパンの
　スクランブルエッグサンド … 41
わかめ入りだし巻き卵 … 43
ふんわり卵焼き … 45
ポークピカタ … 51
薄切りハムのだし巻き … 56
鮭フレークと大葉のだし巻き … 56
ブラックオリーブとアンチョビの
　だし巻き … 56
青海苔と桜えびのだし巻き … 57
牛肉のしぐれ煮入りだし巻き … 57
ナンプラー風味のだし巻き … 57
えのきのピカタ … 71
鶏そぼろのっけちらし … 87
焼き卵のサンドイッチ … 92
紅茶煮のピカタ … 95
親子海苔巻き … 96

豆、豆製品

■油揚げ、厚揚げ、がんもどき
ミニがんもの薄味煮 … 33
豚肉の油揚げとねぎ巻き … 63
油揚げと九条ねぎとれんこんの
　ゆず塩焼きそば … 91
ひじきの炒めサラダ … 101

■おから
おからコロッケ … 59

■豆腐
お豆腐バーグ … 59

■豆
アボカドビーンズサラダ … 23
チリコンカン … 100

その他

■韓国海苔
韓国海苔入りだし巻き卵 … 37
もやしの海苔ナムル … 70

■こんにゃく
こんにゃくとにんじんのピリ辛炒め … 11
こんにゃくの味噌煮 … 101

■ザーサイ
キャベツとザーサイのチヂミ風 … 76

■桜えび
青海苔と桜えびのだし巻き … 57

■塩昆布
大根の塩昆布和え … 37
きゅうりのゆず昆布和え … 75
チンゲンサイの塩昆布漬け … 99
ひじきの炒めサラダ … 101

■高菜漬け
高菜漬けおにぎり … 27

■たらこ、明太子
タラの明太マヨ焼き … 61
じゃがいものレモンたらこ和え … 78
れんこんのたらこバター … 81

■ちりめんじゃこ
ピーマンのじゃこ炒め … 69
大根のじゃこきんぴら … 74
豚肉、じゃこ、しその塩焼きそば … 90

■チーズ
ドライカレー海苔巻き … 19
かぼちゃとクリームチーズのサラダ … 39
チーズ入りちくわの黒ごま衣揚げ … 64
カニかまの海苔チーズ巻き … 65

■ナッツ(アーモンド、くるみ)
鮭のアーモンド焼き … 23
かぼちゃとくるみのサラダ … 79

■なめたけ
水菜のなめたけわさび和え … 68

■海苔
ドライカレー海苔巻き … 19
おにぎり4種 … 27
カニかまの海苔チーズ巻き … 65
親子海苔巻き … 96
海苔の佃煮 … 102

■パスタ, マカロニ
カニかまのマカロニサラダ … 65
ペンネナポリタン … 88
ブロッコリーとたけのこ、ツナのパスタ … 88
豚しゃぶと香味野菜のパスタ … 89
ズッキーニとえびのペンネ … 89

■春雨
春雨スープ … 97

■ひじき
ひじきの炒めサラダ … 101

■紅しょうが
いんげんと長いものピカタ … 27
わかめ入りだし巻き卵 … 43
きゅうりのツナと紅しょうが和え … 75

■実山椒
うなぎの佃煮 … 103

■わかめ
わかめ入りだし巻き卵 … 43

おやつ

コーヒーゼリー … 104
オレンジたっぷりゼリー … 104
きなこの豆乳プリン … 105
黄桃のレアチーズ … 105
抹茶のスティックバターケーキ … 106
チョコとレーズンとくるみのマフィン … 106

稲田多佳子
Inada Takako

京都に生まれ育ち、現在も暮らす。お料理やお菓子を作ること、誰かに食べてもらうことがしあわせ。家族は夫と娘1人。夫のお弁当作り歴はかれこれ20年、ちょこちょこ買い集めたお弁当箱は全部で11個になる。いちばん好きなお弁当は、のっけ弁当(何より簡単に作れ、それでいておいしい!)。のっけ弁当だけの1カ月にいつかチャレンジしてみたいと思う、今日この頃。
著書は『たかこさんの粉ものお菓子　ブランチ&ティータイムのお楽しみ』『たかこさんのクイックブレッド&ケーキ　蒸しパン・マフィン・スコーン・クッキー etc.粉好きさんのリピートレシピ81』『たかこさんのしあわせふたりごはん』(すべて小社刊) ほか多数。
http://takako.presen.to

料理、スタイリング、写真、文
稲田多佳子

ブックデザイン
原てるみ、坂本真理 (mill design studio)

写真 (カバー、Part 1)
内池秀人

イラスト
北村人

校正
西進社

たかこさんのほめられ弁当
手間なし&おいしい「使える」お弁当おかず216レシピ

2013年2月28日　初版第1刷発行

著　　者　　稲田多佳子

発　行　者　　中川信行

発　行　所　　株式会社 マイナビ
　　　　　　〒100-0003
　　　　　　東京都千代田区一ツ橋1-1-1 パレスサイドビル
　　　　　　TEL 048-485-2383 [注文専用ダイヤル]
　　　　　　　　 03-6267-4477 [販売]
　　　　　　　　 03-6267-4403 [編集]
　　　　　　URL http://book.mynavi.jp

印刷・製本　　大日本印刷株式会社

○定価はカバーに記載してあります。
○乱丁・落丁本はお取替えいたします。
　乱丁・落丁本についてのお問い合わせは、TEL:048-485-2383 [注文専用ダイヤル]
　または、電子メール:sas@mynavi.jpまでお願いいたします。
○内容に関するご質問は、出版事業本部編集第2部まで葉書、封書にてお問い合わせください。
○本書は著作権法上の保護を受けています。本書の一部あるいは全部について、著者、発行者の許諾を得ずに無断で複写、複製 (コピー) することは禁じられています。

ISBN978-4-8399-4560-2
C5077
©2013　INADA TAKAKO　©Mynavi Corporation